解维敏 / 著

中国企业创新

基于供给侧结构性改革视角

CHINESE
ENTERPRISE INNOVATION

From the Perspective of
Supply-side
Structural Reform

社会科学文献出版社
SOCIAL SCIENCES ACADEMIC PRESS (CHINA)

前　言

党的十九大报告中明确提出："我国经济已由高速增长阶段转向高质量发展阶段，正处在转变发展方式、优化经济结构、转换增长动力的攻关期，建设现代化经济体系是跨越关口的迫切要求和我国发展的战略目标。必须坚持质量第一、效益优先，以供给侧结构性改革为主线，推动经济发展质量变革、效率变革、动力变革，提高全要素生产率，着力加快建设实体经济、科技创新、现代金融、人力资源协同发展的产业体系，着力构建市场机制有效、微观主体有活力、宏观调控有度的经济体制，不断增强我国经济创新力和竞争力。"供给侧结构性改革是当前转变发展方式、优化经济结构、转换增长动力的主线，而供给侧结构性改革的核心内容包括提升企业技术创新水平，提高经济增长质量、效益以及全要素生产率。

创新是支持企业生存与发展、促进经济长期增长和提高经济增长质量的一项基本要素，是企业和国家保持长期竞争优势的源泉。改革开放以来，我国经济取得了数十年的高速增长，堪称世界奇迹。但是，中国经济高速增长主要依赖人口红利等低成本优势和资源的高投入，这种粗放型增长模式带来的环境污染、增长不可持续等问题日益突出。改变增长模式、调整产业结构、促进产业升级已是当前经济改革的关键。转变我国目前的经济增长方式、推动经济持续增长、提升国家竞争力，则需要提升我国的技术创新水平。十九大报告高度重视创新对我国的战略意义，强调"创新是引领发展的第一动力，是建设现代化经济体系的战略支撑"。特别是当前中国经济已进入新常态，创新是转变经济增长方式、推动产业升级的关键动因。要实现这一目标，微观上则需要企业成为技术创新的主体。目前，我国多数行业和企业的关键核心技术依靠引进，对外依存度较高，这大大制约了我国企业参与国际竞争的实力。特别是最近爆发的中美贸易摩擦，使得整个社会再次认识到企业创新和核心关键技术对于企业和国家的重要战略意义。企业技术水平低下限制了供给侧结构性改革的推进和深化，制约了经济增长质量提升，也影响了我国经济的长期增长。因此，激励和培育技术创新仍然是我国企业面临的关键问题。

激发我国企业创新动力，提升我国企业创新水平，实现供给侧结构性改革目标，是一个系统全面的工程，既需要政府从宏观层面上出台鼓励创新的政策、完善影响企业创新的环境因素，又需要企业从微观层面上健全完善机制、激发企业创新的主动性和持续性。企业创新可以从创新投入和创新产出两个方面进行测度，本书利用我国非金融类 A 股上市公司数据，在理论分析的基础上，对供给侧结构性改革背景下企业创新投入和创新产出动因进行了实证检验，研究发现：①宏观因素对推动企业创新投入和创新产出具有重要的影响。良好的营商环境能够促进企业创新产出；国家产业政策的实施有利于推动企业创新投入，而且地方政府效率越高，产业政策对企业创新投入的促进作用越明显。②微观因素是影响企业创新投入和创新产出的关键动因。混合所有制促进了国有企业创新产出，即股东股份多元化能够显著提升国有企业创新产出水平；薪酬契约影响了管理层和员工的行为动机，业绩薪酬不利于激励管理层提高创新产出水平。管理层与员工之间薪酬差距对企业创新投入具有倒 U 形关系的影响，即合理地拉开管理层与员工之间的薪酬差距有利于促进企业创新投入。

本书的理论意义在于：其一，本书基于宏微观视角，研究我国企业技术创新的影响动因，将从理论上丰富我国企业创新影响因素的研究文献；其二，本研究丰富了营商环境经济后果的研究文献，同时也为从营商环境角度出发提升我国企业创新水平给出了对策启示；其三，本研究丰富了混合所有制经济后果的研究文献，为评价混合所有制的有效性提供了新的证据，同时也为完善和深化混合所有制改革、促进企业创新提供启示；其四，本书研究业绩薪酬对企业创新的影响，为评价管理层业绩薪酬激励有效性提供新的证据，同时也为相关部门就完善我国管理层薪酬激励方案、促进企业创新、推动经济持续健康发展提供有价值的建议；其五，本书研究企业内部管理层与员工之间薪酬差距对企业创新的影响，丰富了薪酬差距的经济后果研究文献。

本书的应用价值在于：首先，本书的研究成果将为决策层更好地理解我国企业技术创新不足的原因，为决策层出台相应的政策以推动突破关键核心技术提供依据。激励企业自主创新、提高技术创新投入和创新产出水平，需要从宏观和微观视角出发，建立和完善有利于激发企业创新的动力机制。政府要完善影响企业创新的宏观因素，改善企业营商环境，优化产业政策的实施效果；同时，微观上也需要完善企业内部机制，推动和深化国有企业混合所有制改革，制定和实施有利于激励管理层进行创新的薪酬契约，以保证企业持续地进行创新。其次，在经济进入新常态形势下，决策层应以顶层设计的方式推进和深化供给侧结构性改革，本书的研究成果将为决策层更好地了解供给侧结构性改革的实现路径，为中央推动和深化供给侧结构性改革、推动经济增长模式转型、提高经济发展质量提供有针对性的政策启示。

目录
`C o n t e n t s`

第一章

导　论

第一节

研究问题与动机

党的十九大报告明确提出"加快建设创新型国家",指出"创新是引领发展的第一动力,是建设现代化经济体系的战略支撑"。党中央关于创新具有战略意义的强调,对正进入新常态的我国经济是极为重要的。改革开放以来,中国经济一直保持着高速稳健增长,取得了举世瞩目的成绩,堪称中国"奇迹"。但是,中国经济高速增长主要是基于人口红利、土地红利、政策红利以及较低的环境规制成本等低成本优势,以及高投入资源利用,而不是基于技术进步和资源有效利用。这种粗放型经济增长模式难以持续,而且代价相当高昂,转变粗放型经济增长模式迫在眉睫(戴翔和金碚,2013)。而且,目前传统产业产能过剩,外部需求不足,企业利润率下降,实体经济面临着相当严峻的境况。技术创新是企业获取竞争优势、支持企业发展、保持经济持续健康增长的关键驱动力之一(Schumpeter,1934;Solow,1957;Porter,1992;Romer,1990)。特别是在当前经济全球化日益加深、竞争日趋激烈的国际环境下,创新已成为企业在激烈市场竞争中得以生存和发展的关键要素,它能够推动产业升级和技术进步(林毅夫,2002),实现经济增长方式转型。面对经济增长新常态新形势，党中央多次强调创新的重要战略意义。2015 年中央经济工作会议明确提出，"坚持深入实施创新驱动发展战略，推进大众创业、万众创新，依靠改革创新加快新动能成长和传统动能改造提升"。

党的十九大报告中强调："我国经济已由高速增长阶段转向高质量发展阶段，正处在转变发展方式、优化经济结构、转换增长动力的攻关期，建设现代化经济体系是跨越关口的迫切要求和我国发展的战略目标。必须坚持质量第一、效益优先，以供给侧结构性改革为主线，推动经济发展质量变革、效率变革、动力变革，提高全要素生产率，着力加快建设实体经济、科技创新、现代金融、人力资源协同发展的产业体系，着力构建市场机制有效、微观主体有活力、宏观调控有度的经济体制，不断增强我国经济创新力和竞争力。"供给侧结构性改革是当前转变发展方式、优化经济结构、转换增长动力的主线，而供给侧结构性改革的核心内容包括提升企业技术创新水平，提高经济增长质量、效益以及全要素生产率。企业技术水平低下限制了供给侧结构性改革的推进和深化，制约了经济增长质量提升。因此，应宏观上提升供给体系质量，深化和推进供给侧改革，实现我国经济增长方式转型、产业升级，寻求经济增长的新动力；微观上则要求实体企业加大创新、提升技术创新水平、开发新产品，以获取市场竞争力。只有大批企业拥有自主研发的关键核心技术，具备国际竞争力，中国才能成为创新型国家。而且，随着中国特色社会主义进入新时代，当前的社会主要矛盾也随之发生变化，十九大报告提出："新时代我国社会主要矛盾是人民日益增长的美好生活需要和不平衡不充分的发展之间的矛盾。"为了有效解决这一矛盾，需要以供给侧结构性改革为主线，激发企业创新动力和能力，大力提升发展质量和效益，更好地满足人民在经济、政治、文化、社会、生态等方面日益增长的需要，更好地推动人的全面发展、社会的全面进步。

但是，目前我国实体企业关键核心技术水平仍不高，企业核心关键技术的缺乏和较高的对外依存度，严重抑制了我国企业的国际竞争实力。特别是最近爆发的中美贸易摩擦，使得整个社会再次认识到企业创新和核心关键技术对于企业和国家的重要战略意义。而且，我国企业研发创新投入不足也严重制约了中国企业自主创新水平的提升，我国企业的研发投入强度（企业研发投入与销售收入的比值）仍明显低于发达国家。Hall 和 Oriani（2006）研究报告了西方国家企业 R&D 投入强度，其中美国是 4.9%、德国 4.5%、法国 4.2%、英国 2.9%、意大利 3.3%。而我国《2016 年规模以上工业企业 R&D 活动统计分析》[①] 显示，2016 年规模以上工业企业 R&D 经费投入强度为 0.94%，比上年提高 0.04 个百分点，而且《2016 年全国科技经费投入统计公报》[②] 显示，分产业部门看，高技术制造业研究与试验发展（R&D）经费 2915.7 亿元，投入强度（与主营业务收入之比）为 1.9%。以上数据显示，我国企业研发投入虽然显著增加，但是距离发达国家的研发投入强度仍有明显差距。因此，提升企业创新水平，特别是关键核心技术，直接关系着企业自主创新能力的提高、国家竞争力的提升。特别是在新常态下经济增长面临换挡提速、企业改革发展面临多方面压力的背景下，探究如何提升我国技术创新水

---

① 《2016 年规模以上工业企业 R&D 活动统计分析》，科学技术部发展计划司，2018 年 3 月 20 日。
② 《2016 年全国科技经费投入统计公报》，国家统计局、科学技术部、财政部，2017 年 10 月 10 日。

平，是具有明显理论意义和实践价值的研究问题。

企业创新体现在创新投入和创新产出两个方面（Wong 等，2005；李宏彬等，2009）。相应地，本书从宏观和微观视角分析我国企业创新投入和创新产出的影响动因，构建宏微观因素对我国企业创新投入和创新产出的影响机制和路径，在理论框架的基础上，运用上市企业数据实证检验宏微观因素对企业创新投入和创新产出的影响，形成研究结论，并提出供给侧结构性改革背景下提高我国企业创新投入和创新产出水平的政策建议。具体来说，本书以我国非金融类 A 股上市公司为样本，理论分析和实证检验了供给侧结构性改革背景下企业创新投入和创新产出动因。研究发现：①宏观因素对推动企业创新具有重要的影响。在营商环境完善的地区，政府与市场的关系得以理顺，政府行政干预企业程度较低，政府廉洁效率程度较高，市场机制能够充分发挥引导作用，从而促进企业创新产出；国家产业政策的实施有利于推动企业创新投入，而且地方政府效率越高，产业政策对企业创新投入的促进作用越明显。②微观因素是影响企业创新的关键动因。混合所有制促进了国有企业创新产出，即股东股份多元化能够显著地提升国有企业创新水平，而且从企业专利申请区分类别看，混合所有制对国有企业发明专利申请、实用新型专利申请、外观设计专利申请都有显著的促进作用。进一步研究发现，与集体所有制企业和民营企业相比，外资企业更能推动国有企业创新产出。本书也考察了中央国企和地方国企中混合所有制对企业创新产出影响的差异，研究发现，混合所有制对中央国企创新产出的促进作用更为显著。薪酬契约影响了管理层和员工的行为动机，业绩薪酬不利于激励管理层提高创新产出；管理层与员工之间薪酬差距对企业创新投入具有倒 U 形关系的影响，即合理地拉开管理层与员工之间的薪酬差距有利于促进企业创新投入。

本书价值体现在研究结论的理论意义和实践价值两个方面。本书研究结论的理论意义体现在：第一，本书考察了宏观和微观因素对企业创新投入和创新产出的影响，进一步加深了对我国企业创新动因的理解，丰富了企业创新影响动因的研究文献，也为理解新兴市场和转轨经济下企业创新问题提供了新的证据。第二，本书结合我国营商环境，考察企业创新产出动因问题，拓展了企业创新问题研究视角，丰富了营商环境经济影响的结论参考。第三，现有关于企业所有权特征对企业创新影响的研究，往往只关注单一所有权性质，或者只关注股权结构和大股东的作用，而忽视了国有资本、集体资本和非国有资本交叉持股而形成的混合所有制的作用。本书结合国有企业混合所有制改革背景，研究混合所有制对企业创新产出的影响，丰富了混合所有制经济后果研究文献，为评价混合所有制的有效性提供了新的论证结果，也丰富了企业创新研究。同时，也为中央推动和深化国有企业混合所有制改革、推动国有企业完善现代企业制度、提升国有企业竞争力提供了有针对性的政策启示，具有重要的实际应用价值。第四，不同的薪酬激励方案带给管理层不同的激励和动机，管理层的决策行为是对薪酬制度安排的一种反馈，所以在研究企业技术创新问题时，将管理层薪酬激励引入分析模型和框架中来，揭示管理层薪酬激励与企业技术创新的关系，更能深刻理解企业技术创新动因问题。最优契约理论认为，基于业绩的薪酬激励可以将管理层的利益与股东的利益很好地协同起来，能够激励管理层做出更有效率的投资决策以创造价值。但是，已有关于基于业绩的薪酬激励有效性的证据仍然是很模糊的。本书通过考察基于业绩的管理层薪酬支付对企业创新产出的影响，为评价最优契约理论提出的基于业绩的薪酬支付方案的有效性提供新的论证结果，丰富了企业技术创新影响因素的研究成果。第五，本书基于企业创新投入角度，从管理层和员工两个方面分析了企业内部管理层与员工之间薪酬差距的影响，既完善了薪酬差距的作用机制，也丰富了薪酬差距的经济后果研究。已有研究在考察企业内部薪酬差距的作用时，未能很好地考虑企业情景的调节作用。本书在探讨内部薪酬差距作用的同时，引入和分析了企业薪酬水平的调节作用，这有助于我们更全面地理解绝对薪酬和相对薪酬之间的相互作用；本书基于企业管理层和员工的人力资本能够综合作用于企业创新这一理论基础，丰富了企业创新影响因素研究。第六，企业技术创新既需要动力，也需要资源支持，所以在研究企业技术创新问题时，将宏观产业政策引入分析模型和框架中来，能够更深刻地理解企业技术创新问题。本书研究产业政策对企业创新投入的影响，丰富企业技术创新影响因素的研究成果。此外，已有评价产业政策有效性的研究多从宏观视角出发，然而，产业升级、产业结构调整、经济增长方式转型最终还是要靠微观主体企业去实现，而本书研究结论为评价产业政策有效性的研究提供新的论证结果。

本书研究结论的实践价值体现在：从实践启示来看，本书采用科学的研究方法，系统论证、检验宏微观因素对我国企业创新的影响，研究结论一方面有助于理解我国企业创新的动因，另一方面也为我国建设创新型国家提供政策制定的理论依据和数据支撑。

第二节

研究内容与框架

本书共分为六章。

第一章，导论。主要介绍本书的研究问题与研究动机，阐述了本书的研究思路，概述了本书的具体框架安排。

第二章，营商环境与企业创新。营商环境对企业经营决策有着至关重要的影响，也是企业实现高质量发展的重要保障。改革开放 40 年来，中央一直致力于改善企业营商环境，为企业发展提供良好的外部环境。本章结合我国营商环境的制度背景，理论论证营商环境对企业创新产出的作用机制，同时使用中国上市公司大样本数据，实证检验营商环境对企业创新产出的影响，为理论论点提供实证支持。

第三章，混合所有制与企业创新。混合所有制改革的战略地位已被决策层明确确立，推进和深化国有企业混合所有制改革是提升国有企业竞争力的重要战略。但是，已有关于混合所有制经济后果的学术研究仍充满争议，探究如何增强国有企业混合所有制改革效果是深化和推进混合所有制改革的关键论题。本章结合我国国有企业混合所有制改革现状，参考国内外相关研究成果，考察混合所有制对企业创新产出的影响。

第四章，薪酬契约与企业创新。创新是支持企业生存与发展，乃至经济长期增长的一个基本要素，但是已有经验研究和案例研究发现，企业创新通常具有较高的失败率，如何激励管理层同员工进行创新便是重要的研究问题。薪酬契约能够将管理层同员工与企业利益联系起来，因此系统研究企业管理层和员工薪酬激励安排、促进企业创新就显得十分必要。本章从两个视角考察薪酬契约对企业创新的影响：一是结合我国高管薪酬激励制度背景和企业创新现状，参考国外相关研究成果，研究业绩薪酬对企业创新的影响。因为创新预期收益充满着高度不确定性，可能会对企业当期会计业绩产生不利的影响，这导致传统的按业绩支付的薪酬激励方案不能激励创新，甚至对创新有负面作用，因此本章对业绩薪酬与企业创新关系进行研究。二是研究薪酬差距对企业创新的影响。人力资本是提升企业创新的重要基础和保障。对企业而言，人力资本既包括管理层人力资本，也包括员工的人力资本，企业创新需要管理层和员工的共同努力。企业内部管理层与员工之间的薪酬差距既会影响管理层的工作态度，也会影响员工的工作积极性，因此对创新有着至关重要的影响。本章理论分析和实证检验了企业内部管理层与员工之间的薪酬差距对企业创新的影响。

第五章，产业政策与企业创新。产业政策是政府为了对经济进行结构性调整、促进产业升级、引导产业发展、推动经济持续健康发展而采取的一种干预方式。产业政策在我国得到了广泛的推行，因此，本章研究了产业政策对企业创新投入的影响。同时，地方政府是落实产业政策的主体之一，晋升激励和财政分权深刻地影响了地方政府官员的激励结构和行为目标，可能会影响产业政策的实施效果。因此，本章也进一步考察了地方政府行为对产业政策和企业创新投入关系的影响。

第六章，总结。本章对全书进行了总结，结合研究结论给出了政策启示，指出了本书研究中尚存的不足之处，并提出了未来的研究方向。

本书的章节框架如图 1 - 1 所示。

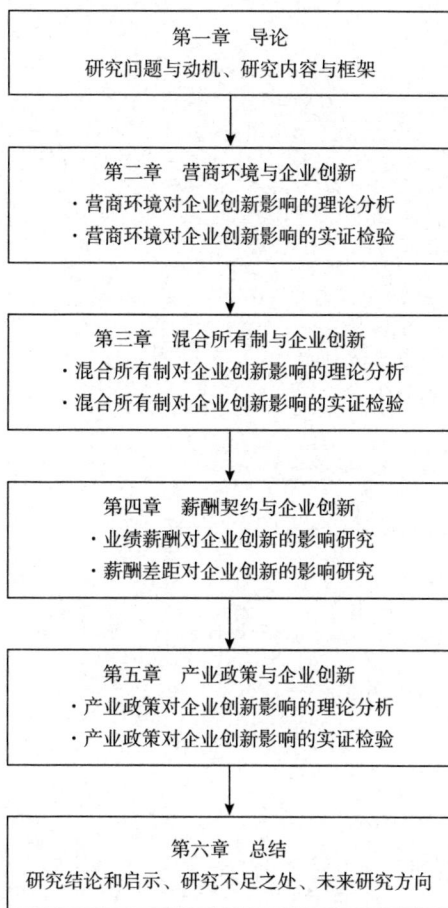

```
┌─────────────────────────────────┐
│         第一章   导论            │
│  研究问题与动机、研究内容与框架   │
└─────────────────────────────────┘
               │
               ▼
┌─────────────────────────────────┐
│     第二章   营商环境与企业创新    │
│ ·营商环境对企业创新影响的理论分析 │
│ ·营商环境对企业创新影响的实证检验 │
└─────────────────────────────────┘
               │
               ▼
┌─────────────────────────────────┐
│    第三章   混合所有制与企业创新   │
│ ·混合所有制对企业创新影响的理论分析 │
│ ·混合所有制对企业创新影响的实证检验 │
└─────────────────────────────────┘
               │
               ▼
┌─────────────────────────────────┐
│     第四章   薪酬契约与企业创新    │
│ ·业绩薪酬对企业创新的影响研究      │
│ ·薪酬差距对企业创新的影响研究      │
└─────────────────────────────────┘
               │
               ▼
┌─────────────────────────────────┐
│     第五章   产业政策与企业创新    │
│ ·产业政策对企业创新影响的理论分析 │
│ ·产业政策对企业创新影响的实证检验 │
└─────────────────────────────────┘
               │
               ▼
┌─────────────────────────────────┐
│          第六章   总结            │
│ 研究结论和启示、研究不足之处、未来研究方向 │
└─────────────────────────────────┘
```

图 1 - 1   本书的章节框架

第二章

营商环境与企业创新

第一节

研究问题提出

在经济发展进入新常态背景下，保持经济增长速度和经济增长质量得到了决策层和学术界的广泛关注。党的十九大报告中明确提出，"我国经济已由高速增长阶段转向高质量发展阶段""必须坚持质量第一、效益优先，以供给侧结构性改革为主线，推动经济发展质量变革、效率变革、动力变革，提高全要素生产率"。企业是经济社会重要主体之一，提升经济发展质量，提高全要素生产率，关键要依赖企业积极进行创新。企业创新是企业重要的战略行为之一，是企业生存与发展的基础，也是影响宏观经济增长速度和增长质量的关键动因。制度经济学理论认为，制度环境影响企业行为。企业的一系列经营决策行为都是在给定的外部环境下开展的。营商环境是企业生存与发展的基础，也是支持经济持续健康增长的关键动因之一。改革开放以来，我国的营商环境明显改善。本章将对营商环境改善所产生的经济影响，能否促进企业创新、推动经济持续稳定增长，进行研究。

第二节

理论分析与假设提出

一 企业创新文献回顾

从已有文献看，目前关于企业创新影响因素的研究非常丰富，从企业层面、行业层面和宏观制度层面进行了研究。早期企业创新方面的研究主要关注企业层面因素的影响。例如，大企业由于具有研发创新的规模经济和范围经济优势，以及资金和技术的积累优势，所以规模大的企业创新水平较高（周黎安和罗凯，2005；吴延兵，2007）。江轩宇等（2017）检验了会计信息可比性质量特征对企业创新的作用，研究发现，会计信息可比性高能够促进企业创新，而且，信息不对称程度越高，股东和经理人代理冲突越严重，企业融资约束水平越高，对经理人职业忧虑程度更高的企业而言，会计信息可比性对企业创新的促进作用更为显著。郝项超等（2018）研究了融资融券对我国上市企业创新数量和创新质量的影响，研究发现，融券促进了上市企业创新数量和创新质量的增加，融资抑制了企业的创新数量和创新质量。进一步研究发现，融资融券主要通过公司治理机制、信息机制影响企业创新活动。黄海杰等（2018）研究了家族企业二代介入对企业创新活动的影响，研究发现，二代介入对家族企业创新活动具有促进作用，而且这种促进作用对二代有海归背景、外部监督较差的家族企业更为明显。进一步研究发现，二代介入对企业创新活动的促进作用，主要是通过降低关联交易、提高会计信息质量来实现的。张晓亮等（2019）基于高层梯队理论研究了CEO学术经历对企业创新的影响，研究发现，CEO学术经历能够促进企业创新，而且，当CEO权力越大、CEO来自内部晋升时，CEO学术经历对企业创新的促进作用越明显。对作用机制的研究发现，CEO从海外取得学术经历且学术经历层次较高时，创新水平更高。CEO学术经历可能会通过产学研来提高企业创新水平。潘健平等（2019）采用文本分析方法，研究了企业合作文化对企业创新产出和创新效率的影响，研究发现，企业文化越强调合作，企业创新产出越多，创新效率越高。作用机制研究发现，合作文化是通过提高企业内部员工的凝聚力和促进企业"产学研"合作这两个路径来促进企业创新的。此外，合作文化对企业创新的促进作用，在竞争性行业，地区信任程度高、地区产业集群程度高的企业更为显著。融资约束是影响企业创新的关键因素，因此有文献研究了创新资金问题，例如刘波等（2017）研究了现金流不确定性对企业创新的影响，为创新型行业如何高效管理现金流提供了理论依据。黄宇虹和黄霖（2019）基于中国小微企业调查（CMES）数据，研究了金融知识对小微企业创新意识、创新活力的影响，结果发现，金融知识显著提高了小微企业的创新意识和创新活力。进一步研究发现，金融知识促进创新意识和创新活力的作用机制分别为市场认知机制与信贷约束机制。王永钦等（2018）从"僵尸"企业视角考察了中国企业创新问题，研究发现，"僵尸"企业显著抑制了正常企业的专利申请和全要素生产率。作用机制研究发现，"僵尸"企业对企业创新有抑制作用，其对资源约束紧的非国有企业、外部融资依赖度高的行业、行业集中度高的企业更为明显，表明"僵尸"企业是通过加剧资源约束、扭曲信贷资源合理配置、损害行业公平竞争机制而影响正常企业的创新活动的。

企业创新的风险高、孵育期较长、收益高度不确定因素，导致管理层出于职位稳定性等考虑，往往不愿进行创新，因此，向管理层提供有效的激励契约非常重要。要给予高管薪酬激励和股权激励，降低管理层和股东之间的第一类委托代理问题，促进企业创新（Jensen 和 Meckling，1976；唐清泉和甄丽明，2009；李春涛和宋敏，2010；Lin 等，2011）。Chang 等（2015）基于美国上市企业数据，研究了非高管层的员工股票期权激励与企业创新的关系，研究发现，非高管层的员工股票期权与企业创新产出显著正相关，而且，与高管层的股票期权激励作用相比，非高管层的员工股票期权对企业创新产出的激励作用更为明显。谭洪涛等（2016）研究发现股权激励有助于缓解经理人和股东利益不一致问题，降低经理人代理成本，提高企业创新水平，而且，股权激励对企业创新的促进作用对于非国有企业是更为明显的。姜英兵和于雅萍（2017）理论分析和实证检验了非高管层的核心员工股票期权激励对企业创新产出的影响，研究发现，非高管层的核心员工股票期权激励与企业创新产出"数量"和"质量"显著正相关。刘宝华和王雷（2018）基于我国上市企业数据，检验了业绩型股权激励与企业创新活动的关系，研究发现，业绩型股权激励能够促进企业创新。进一步研究发现，股权激励计划行权限制特征会影响股权激励与企业创新活动的关系，行权时间限制能够提高股权激励对创新的激励效应。孔东民等（2017）则研究了企业内部管理层和员工薪酬差距对企业创新的影响，发现薪酬差距与企业创新呈倒 U 形关系。周冬华等（2019）对上市企业员工持股计划与企业创新的关系进行了研究，结果发现，与未实施员工持股计划的企业相比，实施员工持股计划的企业创新产出更高。而且，员工持股计划人数越多、资金规模越大、高管认购比例越高、锁定期越长，员工持股计划对企业发明专利和实用新型专利申请数量增加的促进作用越明显。作用机制研究发现，员工持股计划主要是通过降低代理成本、降低企业风险承担能力来提高企业创新水平的。

张璇等（2017）利用2005年世界银行中国企业调查数据，考察了信贷寻租和融资约束对企业创新的影响，研究发现，信贷寻租和融资约束显著地抑制了企业创新，而且，当企业遭遇信贷寻租时，融资约束对企业创新的抑制作用会更明显。进一步研究发现，信贷寻租加剧融资约束对企业创新的抑制作用，这对中小企业、民企、资本密集型企业是更为明显的。陈钦源等（2017）考察了分析师跟踪对我国企业创新活动的影响，研究发现，分析师跟踪提高了被跟踪企业的创新绩效，而且，分析师跟踪提升企业创新的作用路径缓解了被跟踪企业的信息不对称和代理问题。陈思等（2017）研究风险投资对企业创新的影响及作用机制，发现风险投资的进入能够促进企业创新，而且，具有外资背景的风险投资和多家风险投资联合投资对企业创新的促进作用更为明显。作用机制研究发现，风险投资进入有利于吸引研发人才、提供行业经验和资源。杨道广等（2017）研究了媒体压力对企业创新的影响，结果发现，媒体负面报道数量抑制了企业创新水平，进一步研究发现，与会计相关的负面报道数量对企业创新的抑制作用更为明显，权威媒体的负面报道和性质严重事件的曝光更可能抑制企业创新。蒲艳萍和顾冉（2019）对劳动力工资扭曲如何影响企业创新进行了理论分析和实证检验，研究发现，劳动力工资扭曲对企业创新具有显著为负的作用，工资扭曲程度越高，企业创新产值越低。作者进一步检验了劳动力工资扭曲影响企业创新的机制，发现扭曲收益效应、人力资本效应、消费需求效应是工资扭曲抑制企业创新的重要途径。朱冰等（2018）探讨了多个大股东对企业创新的影响及作用机制，研究发现，多个大股东会抑制企业创新，而且，其他大股东数量越多、相对控股股东的持股比例越高时，多个大股东对企业创新的抑制作用越明显。进一步研究发现，多个大股东降低了公司风险承担能力和对创新失败的容忍度。罗宏和秦际栋（2019）利用中国家族上市公司数据研究了国有股权参股对家族企业创新投入的影响，研究发现，国有股权参股对家族企业创新投入具有正向作用，而且，这种正向作用对高新技术企业、面临更高政策不确定性的企业更为明显。进一步研究发现，国有股权增加了家族企业创新投入的资源，提高了参股家族企业创新投入的意愿，从而促进家族企业创新投入。杨鸣京等（2019）考察了控股股东股权质押对企业创新的影响，以及货币政策不确定性对两者关系的调节作用，研究发现，控股股东股权质押会抑制企业创新，而货币政策不确定性加剧了这一抑制作用。此外，相比策略性创新，控股股东股权质押对企业实质性创新的抑制作用更为明显。余明桂等（2019）研究了国有企业民营化对企业创新的影响及作用机制，结果发现，国有企业民营化显著抑制了企业创新，融资约束是民营化企业创新的重要抑制因素。而且，融资约束对民营化企业的抑制作用，对金融发展水平较低地区的企业是显著的。刘刚等（2018）利用新三板企业数据，实证检验了风险投资声誉对联合投资意愿的影响，以及联合投资对企业创新绩效的作用，研究发现，风险投资声誉与联合投资之间呈倒 U 形关系，联合投资相比独立投资更能提高企业创新绩效。杨兴全等（2019）研究了多元化经营对企业创新的影响，研究发现，多元化经营挤出了企业研发投入，这一挤出效应对于主业研发投入、国有企业研发投入是更为显著的。而且，民营企业中非主业研发投入也挤出了主业研发投入。进一步研究发现，更高的政府干预和高管晋升压力是导致国有企业多元化经营挤出研发投入的重要原因，而民营企业非主业研发投入挤出主业研发投入的原因在于资源要素方面的所有制歧视。李飞等（2019）以中国上市公司海外并购为样本，研究了海外并购创新过程中海外知识整合对创新质量的影响，研究发现，海外并购知识整合与并购后国内创新质量之间呈倒 U 形关系，与国际创新质量呈负相关关系。该文进一步检验了网络嵌入均衡与产业时钟速度对上述关系的调节作用，研究发现，国内与国外创新网络嵌入均衡能够优化知识整合与创新质量的关系，产业时钟速度快的行业，内外网络嵌入均衡的优化作用更强。张杰等（2014）研究了竞争对企业创新的影响，研究发现，竞争对企业创新有显著的促进作用。进一步研究发现，竞争对企业创新活动的激励效应仅在民营企业中存在，而在国有及外资企业中竞争未能生产激励作用。伊志宏等（2018）考察了证券分析师的乐观偏差对企业创新的影响，研究发现，分析师的乐观偏差抑制了企业创新。进一步研究发现，管理层任期延长和会计可比性提高会降低分析师乐观偏差对企业创新的抑制作用。权小锋和尹洪英（2017）考察了卖空机制对企业创新的影响，研究发现，融资融券制度对公司创新产出有显著的提升作用，但对企业创新投入没有显著影响，表明融资融券制度可以提高企业创新效率，此外，融资融券制度对创新产出的促进作用对信息不透明企业、低管理层权力企业、垄断程度高行业是更为明显的。王玉泽等（2019）研究了企业杠杆率对企业创新的影响及作用机制，结果发现，企业杠杆率与创新投入、创新产出之间呈倒U形关系，企业杠杆率与创新风险呈U形关系。而且，相比于短期杠杆，在控制风险的前提下长期杠杆能够促进企业创新产出。与银行借贷杠杆相比，商业信用杠杆无法有效促进企业创新产出。进一步研究发现，杠杆率与企业创新的关系，会因企业规模、行业技术特质的不同而存在差异。牛建波等（2019）基于心理学视角，从CEO自信、企业家精神、CEO内在激励角度考察了高管薪酬差距对企业创新绩效的影响，同时也检验了监督型治理模式和信任型治理模式对两者关系的调节作用，研究发现，高管薪酬差距对企业专利申请数量没有影响，对专利授予数量有显著作用，表明高管薪酬差距能够提高企业创新效率。而且，与发明专利相比，高管薪酬差距对实用新型专利和外观设计专利的影响更为显著。进一步研究发现，监督型治理模式对高管薪酬差距与发明专利授予数量之间关系具有显著为负的调节作用，信任型治理模式对高管薪酬差距与专利申请数量之间关系具有负向调节作用，对高管薪酬差距与专利授予数量之间关系具有正向调节作用。罗能生等（2019）利用世界银行2012年中国企业调查数据，研究了空气污染对企业工艺创新、管理创新和研发投入的影响，研究发现，空气污染通过"工艺创新补偿效应"和"管理创新补偿效应"对工艺创新和管理创新产生积极的作用，通过"资金挤出效应"和"人力资源损失效应"对企业研发投入产生负面作用。进一步研究发现，空气污染对企业创新的影响，会因企业生产率、市场化进程、城市规模的不同而产生差异。

随着新制度经济学、法与经济学研究的兴起，大量研究者认识到了司法体系、金融发展水平、产权保护等制度因素对企业创新的影响。部分研究者发现金融发展（解维敏和方红星，2011；贾俊生等，2017）、知识产权保护力度（吴超鹏和唐菂，2016）能够促进企业创新。倪骁然和朱玉杰（2016）将我国 2008 年《劳动保护法》实施作为准自然实验，研究了劳动保护对企业创新的影响，结果发现，《劳动保护法》实施后，劳动密集型企业的创新投入和创新产出显著增加。此外，劳动保护对企业创新的促进作用，对于创新需求高行业、竞争程度高行业、行业内后进企业、民营企业等更为显著。黎文靖和郑曼妮（2016）研究了宏观产业政策对企业创新的影响，研究发现受产业政策支持的企业，非发明专利显著增加，表明产业政策只激励策略性创新，而非实质性创新。贾俊生等（2017）基于内生经济增长理论，研究了金融发展、创新产出和经济增长之间的关系，研究发现，信贷资源可获得能够显著地促进企业创新，但是资本市场融资功能的不完善抑制了上述作用的发挥，此外，创新是金融发展影响经济增长的重要路径。姜军等（2017）基于我国 2007 年实施的《破产法》和《物权法》，检验了债权人保护对企业创新的影响，研究发现，对于外部融资需求大的企业，《破产法》和《物权法》的实施促进了创新水平，而且，企业创新需求高、公司治理差时，上述促进作用更为明显。进一步研究发现，长期借款和商业信用的增加是债权人保护提升企业创新的作用路径。郑烨等（2017）考察了简政放权对企业创新绩效的影响及作用机制，研究发现，简政放权可以提高企业活力和创新绩效，而且"简政"与"放权"的交互作用也会提高企业活力和创新绩效。此外，企业活力在"简政""放权"与创新绩效关系之间发挥部分中介作用。白俊等（2018）通过研究外资银行进入对企业创新的影响来考察金融部门对外开放给实体经济的影响。研究发现，外资银行进入能够显著提升我国企业创新水平，此外，这一促进作用更多的是通过加剧本土银行业竞争来实现的。李莉等（2018）研究了国有企业高管政治晋升对企业创新投资的影响，研究发现，国有企业高管的政治晋升会抑制企业创新投资。王永进和冯笑（2018）考察了行政审批制度改革对企业创新的影响，研究发现，行政审批中心的建立显著促进了企业创新。顾夏铭等（2018）研究了经济政策不确定性对企业创新的影响，研究发现，经济政策不确定性能够促进上市公司研发投入和增加专利申请量。王砾等（2018）考察了地方官员政治晋升压力对企业创新活动的影响。研究发现，地方官员晋升前期，企业创新数量和质量都会显著降低。王金杰等（2018）从宏观互联网环境视角考察了互联网对企业创新绩效影响及路径，研究发现，互联网能够提升企业创新绩效。从创新方式来看，互联网提高了技术人员和研发资金投入对企业创新绩效的正向作用，降低了公司治理对创新绩效的影响，对企业文化和创新绩效关系没有影响。此外，该文发现互联网对企业创新有积极作用，对资金密集型和技术密集型行业更为明显。黎文靖和郑曼妮（2018）研究了中国加入 WTO 后，关税削减对企业创新的影响，结果显示，关税降低后，企业发明专利申请数量显著提高，而专利申请总数和非发明专利申请数量没有受到显著影响，表明关税降低带来的进口竞争促进了企业高质量的发明创新。朱德胜（2019）研究了不确定性环境下企业实施股权激励计划对企业创新投入和创新产出的影响，结果发现，股权激励能够增加企业创新投入和创新产出，环境不确定性会抑制股权激励对创新投入和创新产出的促进作用。张婷婷等（2019）基于我国上市公司数据，研究了省级产业政策对企业创新效率的影响，研究发现，与没有受到地方产业政策影响的企业相比，受到地方产业政策影响企业的专利申请总数、发明专利申请数量、实用新型和外观设计专利申请数量均显著增加，表明地方产业政策促进了辖区受产业政策影响企业的创新效率。进一步研究发现，地区人才密集度对地方产业政策和企业创新效率之间的关系具有调节作用，表现为企业所在地大学数量越多，地方产业政策对企业创新效率的促进作用越明显。苗文龙等（2019）通过模型分析得出，根据技术创新密度，企业可区分为技术创新型和技术稳定型。技术创新型企业提高技术研发投资，有助于推动本国经济从粗放投资型向高质量技术创新型转变。一定时期内，政府技术创新支出促进政策是推动企业技术创新支出增加的主要动力，能够促进企业创新。但政府技术创新支出的具体政策效果还依赖于企业创新投入情况，当企业创新投入率达到一定界点时，政府技术创新支出政策的效率会更高。徐飞（2019）研究了银行信贷对企业创新困境的影响，结果显示，银行将信贷提供给前期低创新企业，银行信贷强度会抑制企业创新再投入，银行信贷提高了企业持续低创新频率、限制了企业持续高创新频率，加剧了企业持续创新困境。此外，该文研究发现，提高银行业的竞争程度、降低四大国有银行的寡头垄断，有助于缓解银行对低创新企业的信贷偏好。毛其淋（2019）系统评估了外资进入对本土企业创新的影响及作用机制，研究发现，外资进入显著提高了创新程度，也延长了本土企业创新持续时间。此外，知识产权保护能够提高外资进入对本土企业创新的促进作用。作用机制研究显示，研发能力增强和融资约束降低是外资进入促进企业创新的两个重要作用路径。王桂军和卢潇潇（2019）将"一带一路"倡议作为一项准自然实验，研究了"一带一路"倡议对我国企业创新的影响。研究发现，"一带一路"倡议能够促进我国企业创新，从作用路径看，"一带一路"倡议对企业创新的促进作用高度依赖于企业对外直接投资。进一步研究发现，"一带一路"倡议对企业创新的促进作用，对于大规模企业、国有企业、资本密集型企业更为明显。马红和侯贵生（2019）考察了地方国企依赖对国有企业创新升级的影响，并研究了混合所有制对两者关系的调节作用，研究发现，地方国企依赖抑制国有企业创新产出和技术升级，混合所有制有助于降低地方国企依赖对国有企业创新产出和技术升级的影响。张璇等（2019）检验了"营改增"政策对企业创新的影响及作用机制，结果发现，"营改增"显著降低企业平均税负，提高企业创新水平，而且税负增幅下降越多的企业，创新产出越多。进一步研究发现，"营改增"对企业创新的促进作用，对民营企业、中小企业、法制环境好地区的企业更为明显。

二 营商环境文献回顾

营商环境是企业经营所面临的重要外部环境，对企业行为有着重要影响。世界银行曾对各国企业营商环境进行了调查，衡量营商环境主要包括产权保护水平、司法体系、外部融资获取、基础设施建设等维度。已有研究通常对其中某几个维度的经济影响进行了研究。Demirguc – Kunt 和 Maksimovic（1998）、Claessens 和 Laeven（2003）研究发现，金融市场发展有助于企业获取外部融资，促进企业投资和成长。Pasto 和 Veronesi（2012）研究表明，经济政策不确定性提高了管理层判断投资项目的难度，为了规避投资项目失败，便选择降低投资，因此，经济政策不确定性抑制企业投资，导致投资偏离最优水平。陈艳（2013）研究了我国宏观经济环境如何影响企业投资效率。研究发现，经济紧缩降低了企业投资效率，而且经济周期紧缩加剧了公司融资约束。李延喜等（2015）研究了外部治理环境、产权性质对上市公司投资效率的影响。研究发现，外部治理环境的改善能够提升企业投资效率。万良勇等（2015）研究了地区腐败程度对辖区企业投资效率的影响，研究发现，腐败会抑制部分企业的有效投资，同时也会加剧部分企业的过度投资，因此降低了企业投资效率。何冰和刘钧霆（2018）研究了来自非正规部门的灰色竞争对企业融资约束的影响，以及营商环境对非正规部门竞争和正规企业融资约束关系的影响，研究发现，非正规部门灰色竞争会导致企业融资约束，但完善的营商环境会降低非正规部门竞争对企业融资约束的不利影响。夏后学等（2019）研究了营商环境、企业寻租与市场创新的关系，研究发现，优化营商环境能够消除寻租影响，促进创新。进一步研究发现，优化营商环境有助于无寻租企业进行自主创新。刘海明和曹廷求（2017）研究了信贷供给周期对企业投资效率的作用，以及宏观经济不确定性背景下这种作用的异质性。研究发现，信贷供给增加会降低投资效率；而且，在宏观经济不确定性较高时，信贷供给增加对投资效率的负面作用降低。杨志强和李增泉（2018）以我国国有控股上市公司为样本，研究了经济政策和经营环境不确定性对企业投资效率的影响，研究发现，企业面临的经营环境和政策环境不确定性加剧了非效率投资。刘军和付建栋（2019）实证检验了营商环境优化对企业产能利用率的影响，研究发现，营商环境优化能够改善企业面临的政企关系和商业关系，从而提高企业产能利用率。而且，这些研究发现适用于民营企业、规模较大企业、非产能过剩行业和沿海地区企业。王克敏等（2017）研究了产业政策、政府支持与企业投资效率关系。研究发现，受产业政策支持的公司，获得了更多的政府补助，但投资水平越高，投资效率越低，过度投资程度越重。研究结论表明，政府和企业间的信息不对称问题可能降低资源配置效率，引发企业过度投资。张新民等（2017）从资金供给和资金需求两个方面，考察了省级政府发布的产业政策对辖区上市公司融资约束程度的影响。研究发现，地方政府产业政策的出台，加剧了辖区内上市公司的融资约束，而且，产业政策的出台降低了企业投资效率。研究表明，地方政府产业政策的出台并未能缓解公司的融资约束，而且降低了资本配置效率。地方政府降低对辖区资源配置的干预，使得市场机制能更好地发挥资源配置功能，有利于引导企业将资源投向更具前景的项目，进而提升企业的投资效率（陈德球等，2012）。张玮倩等（2016）从官员腐败视角考察了外部腐败环境对企业投资效率的影响，研究发现，地区腐败越严重，辖区企业投资效率越低，而且地区腐败导致企业投资不足，因而不会引发投资过度问题。进一步研究发现，地区腐败对企业投资不足的影响对于非国有企业来说更为严重。张亦春和周杰峰（2018）研究了政府城镇干预对企业投资效率的影响，研究发现，每单位土地出让面积的就业人口越多，企业因现金流充裕而引发的投资过度就越低，这表明提高城镇建设中土地利用效率，限制地方政府出让土地的冲动，有利于提高企业投资效率。张美莎等（2019）考察了营商环境、关系型借贷与中小企业技术创新的关系，结果表明，关系型借贷能够促进中小企业技术创新，营商环境优化有助于提高中小企业创新水平，但同时会降低关系型借贷对中小企业技术创新的影响。综述已有研究，目前关于营商环境的研究从不同视角考察了营商环境的经济影响，但是关于营商环境对企业创新产出的研究仍较为有限。提高企业创新能力有助于提高经济增长质量，因此本章系统研究营商环境对企业创新产出的影响，既为营商环境经济后果研究增添了新的证据，同时也为提高企业创新产出水平、提升经济发展质量提供了政策依据。

三　营商环境对企业创新产出影响的理论分析

作为新兴市场与转型经济并存的国家，我国的市场化改革取得了显著的成就。但是我国的改革是渐进式的，由于政策和历史等因素的影响，以及地区间资源禀赋存在很大差异，不同省份企业经营环境存在一定的差异。王小鲁等（2017）编制的《中国分省企业经营环境指数 2017 年报告》对我国企业营商环境进行了较为全面的调查，该指数从 8 个维度衡量了企业经营环境，分别是政策公开公平公正、行政干预和政府廉洁效率、企业经营的法治环境、企业税费负担、金融服务和融资成本、人力资源供应、基础设施条件、市场环境与中介服务条件。接下来，本章将围绕该指数中的关键企业经营环境指标对企业创新产出的影响进行论述。

1. 政策公开公平公正、行政干预和政府廉洁效率

营商环境好的地区，政府行政干预程度较低，政府廉洁效率较高。中国地方官员之所以对当地经济发展极大关注是因为中央政府的激励考核机制。中央政府在对地方进行财政分权的同时，保持了政治上的集权，中央政府仍掌握着地方官员的晋升考核。对地方官员来说，政治晋升是他们最为关注的，因此，政治晋升

激励是中央政府激励地方官员的最重要工具。中央政府在对地方官员进行考核时，考核和晋升标准以经济增长为主，即辖区内的经济增长情况影响着地方官员的政治升迁。Li 和 Zhou（2006）研究发现，20 世纪 80 年代初以来，中国地方官员的晋升考核标准由政治指标转变成地区经济发展指标，特别是地区 GDP 增长。周黎安（2007）提出以经济增长的"晋升锦标赛治理模式"作为中国地方官员的激励模式，是中国制造经济奇迹的重要基础。以经济增长为主要考核指标的政治晋升机制，虽然为地方官员发展辖区经济创造了充分的动力，但是，由于官员晋升竞争是零和博弈，直接导致地方官员为了短期内实现经济增长而干预辖区经济行为。地方官员为了促进 GDP 增长而获得政治晋升，目标会更加短期化，地方官员会更强调有利于短期内获取收益的项目（王永钦等，2007）。为了政治上的晋升，地方官员会强烈地干预辖区企业生产经营行为。企业投资是加快地方经济增长和提高地方财政收入的最直接有效的途径之一，其自然成为地方官员为促进本地区经济绩效而干预的重点（北京大学中国经济研究中心宏观组，2004；程仲鸣等，2008；唐雪松等，2010；曹春方，2013）。Shleifer（1998）提出，官员会利用政治权力来追求政治目标。地方官员利用手中权力，将自身晋升激励通过政府干预的方式转移到辖区企业，影响了企业的投资决策和资源配置。

当地方政府干预程度较高时，地方官员利用企业扩张投资实现短期经济增长的动机会更强烈。地方官员对企业经营决策特别是投资决策的干预，将造成企业投资决策的目标多元化，使企业投资决策并不仅仅依赖项目的未来现金流净现值，往往导致企业投资过度（程仲鸣等，2008）。例如，地方官员干预地方上市公司承担更多的行政性负担和回报期较短的投资项目，而非鼓励辖区企业选择风险高、回报期长、收益高度不确定性的创新项目。此外，在以经济绩效为主要考核指标的地方官员晋升体制下，地方官员为了辖区的经济增长会积极地干预辖区内资源配置，积极地利用对地区经济、政治等影响力，以及银行业改革过程中的制度缺陷，干预银行的信贷资源配置，使银行为辖区内见效快、有利于 GDP 增长的项目提供资金支持，而对有前景、但回报期较长的企业创新项目却支持不足。当政策公开公平公正、政府干预程度较低时，企业更容易获取信贷资源等，企业行为也更加以市场为导向，会积极主动地进行创新，提高竞争力。

廉洁高效的政府，一方面会为辖区企业提供良好的营商环境，支持企业发展；另一方面，也会高效率地完成中央政府的目标。当前，中央政府的核心目标之一是鼓励和支持发展先进生产能力、限制和淘汰落后生产能力，防止盲目投资和低水平重复建设，推进产业结构优化升级。中央政策制定的目标，具体要由各职能部委或地方政府负责落实实施。地方官员为了达到中央政府新的考核要求，将会注重辖区企业的投资质量和技术水平的提升。为了提升市场机制对企业经营决策的引导作用，地方政府会与辖区企业保持一定的距离，企业可以更为充分地根据价格机制、市场竞争机制、项目的净现值等来安排投资决策，通过研发创新获取竞争优势，从而提升企业创新产出水平。

2. 市场环境

改革开放四十年来，我国经济体系进行了全方位的市场化改革，取得了显著的成就，建立了具有中国特色的社会主义市场经济体系。但是，我国的市场化改革是渐进式的市场化改革，由于历史、自然条件等原因，各地区市场化进程很不平衡，导致我国不同地区市场环境也存在明显差异。在市场环境较好的地区，市场竞争机制对企业经营行为的引导作用得到了很好的发挥。在公平的市场竞争机制下，企业为了在激烈的市场竞争中获取优势，会积极地进行研发创新，提升企业竞争力；而在市场环境较差的地区，由于政府干预比较普遍，国有企业更多地依赖政府支持和政策优势来获取竞争优势，降低了企业研发创新的动力，导致研发创新产出水平较低。

3. 企业经营的法治环境

营商环境好的地区，企业经营的法治环境较为完备。法治环境越完善，企业依赖法律体系解决纠纷的交易成本越低，财产权益越能够得到有效保障。这一点对企业创新来说更为重要，因为企业创新产品具有外溢性特征，在法律对知识产权保护较弱的背景下，创新产品面临着消费上的非排他性问题，容易被抄袭和侵权，即其他企业可以利用该企业的创新成果，却不承担研发的成本，这会降低创新企业的预期收益，从而抑制企业的创新动力。而且，当法律对私人财产保护较弱的情况下，企业通过法律来保护自己的知识产权的交易成本也很高。法治环境越好，私人财产越能得到更为有效的保护，越能够以法律形式建立创新产品的非排他性，降低私人财产被侵占的风险，提高创新企业的回报，因此法律对创新产品的有效保护激励了企业创新（解维敏，2016）。此外，当司法体系对财产权力保护程度较弱时，利用法律解决纠纷的交易成本非常高，这会加剧资金需求方和供给方之间信息不对称问题导致的资源配置效率低下，具有正的净现值的项目难以筹集到所需的资金，导致企业创新不足。法律体系可以通过明晰市场参与主体的产权，向市场主体传递信号，降低市场主体间的信息不对称，便于债权人向企业提供资金，缓解企业融资约束，此外，保障契约执行有助于市场交易主体达成契约（陈德球和陈运森，2013），从而提高企业创新水平。而且，法治有助于股东利用法律来保护自己的权益，约束经理人的自利行为，降低经理人代理问题，阻止经理人投资有利于个人收益最大化的项目，减少企业资本配置行为的扭曲，提升经理人投资决策质量，从而提高创新产出水平。

4. 金融服务和融资成本

融资是企业创新的关键影响因素，信息不对称问题的存在，使债权人不能很好地了解企业信息，使企业难以为具有正的净现值的项目筹集到所需资金，导致企业创新不足。在营商环境较为完善的地区，金融市场发展较为充分，金融机构成熟度较高，而且金融中介在评价企业投资项目质量方面具有专业优势和规模经济优势，能够降低企业和金融机构之间的信息不对称，使金融机构向具有正的净现值的投资项目提供融资，从而缓解企业融资约束，提高企业创新水平。营商环境差的地区，金融市场相对不发达，金融中介发展程度较为有限，金融服务水平较低、融资成本较高，企业为创新项目获取融资难度较大，导致创新项目难以得到融资支持。契约不完备和信息不对称可能会导致事后的道德风险问题。管理层和股东的目标不一致，可能会导致管理层为了私人收益最大化，将融资获得的资金用于构建企业帝国或者低效率的项目。金融中介的发展，有助于减少事前信息不对称，降低融资交易成本，也有助于降低事后监督管理的成本，抑制管理层机会主义行为，提高企业创新水平。基于上述分析，本章认为良好的营商环境有助于提高企业创新产出。

第三节

实证研究设计与结果分析

一 样本选择和数据来源

本章选择我国非金融类 A 股上市公司作为样本来源，使用的数据包括营商环境数据、企业财务数据、企业治理数据。其中，营商环境数据使用的是王小鲁等（2017）编制的《中国分省企业经营环境指数 2017 年报告》，企业财务和治理数据来自国泰安（CSMAR）数据库。

二 模型设定与变量定义

为了检验营商环境对企业创新产出的影响，本章设定模型（1）。

$$Inno_i = \alpha_0 + \alpha_1 Envir_i + \alpha_2 Size_i + \alpha_3 Age_i + \alpha_4 Growth_i + \alpha_5 Lev_i +$$
$$\alpha_6 Outdir_i + \alpha_7 State_i + \alpha_8 Lash_i + \alpha_9 Mshare_i +$$
$$\sum Industry + \sum Year + \varepsilon_i \qquad (1)$$

模型（1）中的变量定义如下。

$Inno$ 代表企业创新产出。企业专利能够代表企业重要的科技水平和科技成果，是企业科技含量最高的知识产权（潘红玉等，2017），能够较好地测度企业技术创新产出水平，所以本章借鉴 Wong 等（2005）、李宏彬等（2009）的研究，以企业专利申请数量来替代企业创新产出。同时，本章也借鉴倪骁然和朱玉杰

（2016）等研究，采用企业研发投入强度来衡量企业创新投入，进行稳健性检验。

Envir 代表营商环境。*Size* 是总资产的自然对数，用来衡量企业规模。*Age* 是企业样本所在年份与企业上市年份之差，用来衡量企业年龄。*Growth* 是企业营业收入的增长率，用来衡量企业成长性。*Lev* 是企业总负债与总资产的比值，用来衡量企业资产负债率。*Outdir* 代表独立董事比例。*State* 代表企业所有权性质。*Lash* 代表第一大股东持股比例。*Mshare* 代表管理层持股比例。*Year* 和 *Industry* 用来控制年份和行业效应。变量具体的定义如表 2−1 所示。

表 2−1　变量及其定义

变量	变量定义
Inno	即企业创新产出，等于企业专利申请数量的自然对数
R&D	即企业创新投入，等于企业研发投入与营业收入的比值
Envir	即地区营商环境，取自王小鲁等（2017）编制的《中国分省企业经营环境指数 2017 年报告》中的分省企业经营环境指数，指数越大，地区营商环境越好
Size	即企业规模，等于总资产的自然对数
Age	即企业年龄，用企业样本所在年份减去上市年份
Growth	即企业成长性，等于企业营业收入的增长率
Lev	即企业资产负债率，等于总负债与总资产的比值
Outdir	即独立董事比例，等于独立董事占董事会规模的比例
State	即企业所有权性质，当政府控股时取值为 1，否则取值为 0
Lash	即第一大股东持股比例，等于第一大股东持股份额与企业股份总额的比值
Mshare	即管理层持股比例，等于管理层持股份额与企业股份总额的比值
Year	即年度哑变量，用于控制年度效应
Industry	即行业哑变量，根据中国证监会发布的《上市公司行业分类指引》对行业进行分类，用于控制行业效应

三 变量的基本描述性统计

表 2-2 报告了变量的基本描述性统计分析结果，为了消除
数据极端值对回归结果可靠性的干扰，本章采用了缩尾处理方
法，以 1% 水平为基准，对连续变量进行了极端值处理。如表 2-2
所示，以专利申请数自然对数衡量企业创新的最小值为 0，最大
值为 5.8579，均值为 1.3119，反映了企业间创新产出水平存在差
异。企业营商环境变量最小值为 2.8，最大值为 3.44，均值为
3.1166，这表明我国不同地区间的营商环境存在一定的差异。企
业规模变量均值为 18.9272，企业年龄均值为 8.8351，企业成长
性变量均值为 0.2123，企业资产负债率均值为 0.4579，外部董事
比例均值为 0.3699，政府控股均值为 0.4494，第一大股东持股比
例均值为 35.8798%，管理层持股比例均值为 0.0804。

表 2-2　主要变量描述性统计

变量	均值	中位数	标准差	最小值	最大值
Inno	1.3119	0.6931	1.5449	0	5.8579
Envir	3.1166	3.12	0.1078	2.8	3.44
Size	18.9272	21.6264	1.2995	18.9272	25.751
Age	8.8351	9	6.2488	0	22
Growth	0.2123	0.1107	0.6367	-0.6685	4.7922
Lev	0.4579	0.4537	0.2325	0.0459	1.1725
Outdir	0.3699	0.3333	0.0524	0.3	0.5714
State	0.4494	0	0.4974	0	1
Lash（%）	35.8798	33.9453	15.3083	8.7595	75.1042
Mshare	0.0804	0	0	0	0.6602

　　本章根据营商环境分组对企业创新产出指标进行了均值对比检验和中位数对比检验。表2-3报告了不同营商环境下企业创新产出水平差异的对比检验。从表2-3可见，营商环境好和营商环境差地区企业创新产出水平存在显著的差异，均值对比检验和中位数对比检验结果显示，营商环境好地区企业创新产出水平显著优于营商环境差地区。不同专利体现的创新水平存在差异，与实用新型和外观设计专利相比，发明专利体现的技术水平更高，需要的研发投入也就越多，本章也对比了不同营商环境下发明专利和非发明专利的差异。如表2-3所示，营商环境好地区企业的发明型专利申请显著高于营商环境差地区企业，表明营商环境越完善，越能促进企业进行实质性的、高水平的创新。非发明型专利申请结果显示，营商环境差地区企业的非发明型专利申请数量高于营商环境好地区企业，这初步表明营商环境差地区更多的是进行一些技术含量低、见效快的创新。企业研发投入强度的对比结果显示，营商环境好地区企业研发投入强度显著高于营商环境差地区企业，表明营商环境能够鼓励企业进行更多的研发投入，进行更多的自主创新。

表2-3　根据营商环境分组的企业创新对比检验

变量	分组标准	均值	中位数	均值对比检验	中位数对比检验
企业专利申请	营商环境好	1.3425	0.6931	-0.0514 *** (-2.27)	-4.132 **
	营商环境差	1.291	0		
发明型专利申请	营商环境好	0.9183	0	-0.0769 *** (-4.37)	-6.014 ***
	营商环境差	0.8413	0		
非发明型专利申请	营商环境好	0.9329	0	0.0406 ** (2.05)	0.054
	营商环境差	0.9736	0		
企业研发投入强度	营商环境好	2.5068	0.6252	-0.5541 *** (-10.27)	-11.868 ***
	营商环境差	1.9527	0		

注：*** 、** 、* 分别表示1%、5%和10%的显著性水平。

表2-4报告了模型中变量之间的 Pearson 相关系数。从表2-4可见,营商环境与企业创新产出呈正相关关系,这初步表明营商环境的改善能够提高企业创新产出。另外,从变量间的相关系数可以看出,变量间不存在严重的共线性问题。

四 营商环境对企业创新影响的实证分析

表2-5报告了企业营商环境对企业创新产出影响的回归结果,如表2-5的第(1)列所示,企业营商环境与企业创新产出变量的回归系数显著为正。这表明营商环境的改善为企业构建了良好的外部环境,便于企业获取融资进行研发,同时营商环境越好,市场机制越健全,企业面临竞争压力越大,越促使企业优化经营决策,从而提高企业创新产出水平。此外,本章也检验了营商环境对企业发明专利和非发明专利的影响,研究发现,营商环境与企业发明专利申请的回归系数显著为正,表明营商环境越完善,越能促进企业进行高水平的发明型创新。营商环境对非发明型专利影响的回归系数不显著,表明非发明型专利体现的技术含量相对不高,营商环境的改进,对非发明型专利的促进作用不是非常明显。控制变量的回归结果显示,企业创新产出与企业规模的回归系数显著为正,表明规模越大的企业,创新产出水平越高。企业创新产出与企业年龄的回归系数显著为负,表明年龄越大的企业,越缺乏创新动力。企业创新产出与企业成长性的回归系数显著为负,表明处于成长期的企业,创新产出水平较低。企业创新产出与企业资产负债率显著为负,表明债务压力越大的企业,创新产出水平越低。企业创新产出与第一大股东持股比例显著负相关,表明第一大股东持股比例越高,

表 2 - 4 变量间的 Pearson 相关系数

变量	Inno	Envir	Size	Age	Growth	Lev	Outdir	State	Lash	Mshare
Inno	1.0000									
Envir	0.0039 (0.5864)	1.0000								
Size	0.1415 (0.0000)	0.0085 (0.2361)	1.0000							
Age	-0.2526 (0.0000)	-0.0763 (0.0000)	0.2463 (0.0000)	1.0000						
Growth	-0.0463 (0.0000)	0.0091 (0.2240)	0.0361 (0.0000)	-0.0097 (0.1930)	1.0000					
Lev	-0.1572 (0.0000)	-0.0627 (0.0000)	0.3204 (0.0000)	0.3955 (0.0000)	0.0367 (0.0000)	1.0000				
Outdir	0.0217 (0.0026)	-0.0263 (0.0003)	0.0221 (0.0022)	-0.0237 (0.0010)	0.0135 (0.0729)	-0.0159 (0.0279)	1.0000			
State	-0.1144 (0.0000)	-0.0323 (0.0000)	0.3488 (0.0000)	0.3842 (0.0000)	-0.0408 (0.0000)	0.2799 (0.0000)	-0.0698 (0.0000)	1.0000		
Lash	0.0391 (0.0000)	0.0609 (0.0000)	0.2755 (0.0000)	-0.1089 (0.0000)	0.0471 (0.0000)	0.0088 (0.2214)	0.0457 (0.0000)	0.2017 (0.0000)	1.0000	
Mshare	0.1805 (0.0000)	0.0401 (0.0000)	-0.2474 (0.0000)	-0.5116 (0.0000)	0.0029 (0.6992)	-0.3643 (0.0000)	0.0793 (0.0000)	-0.4196 (0.0000)	-0.0754 (0.0000)	1.0000

注：表中数值为相关系数，括号内数值为显著性水平。

风险承担意愿越低，企业创新产出水平相对也较低。企业创新产出与管理层持股比例显著正相关，表明给予管理层一定的股份，可以缓解管理层代理问题，促进管理层利益与股东利益协同，激励管理层进行更多的创新。

表2-5　营商环境对企业创新产出影响的回归结果

变量	企业创新	发明专利	非发明专利
Envir	0.4475 *** (4.73)	0.5682 *** (7.35)	-0.0883 (-1.04)
Size	0.3179 *** (35.53)	0.2704 *** (37.00)	0.2592 *** (32.13)
Age	-0.0475 *** (-22.50)	-0.0353 *** (-20.50)	-0.0298 *** (-15.68)
Growth	-0.0827 *** (-5.41)	-0.0479 *** (-3.84)	-0.0763 *** (-5.54)
Lev	-0.3644 *** (-7.39)	-0.2100 *** (-5.21)	-0.2205 *** (-4.96)
Outdir	-0.1960 (-1.07)	0.0343 (0.23)	-0.1044 (-0.63)
State	0.0096 (0.41)	0.0703 *** (3.67)	-0.0482 ** (-2.28)
Lash	-0.0016 ** (-2.35)	-0.0031 *** (-5.59)	0.0007 (1.07)
Mshare	0.2951 *** (3.68)	0.0840 (1.28)	0.2524 *** (3.49)
C	-7.3197 *** (-20.35)	-7.0409 *** (-23.98)	-4.7197 *** (-14.56)
Year	Yes	Yes	Yes
Industry	Yes	Yes	Yes

续表

变量	企业创新	发明专利	非发明专利
样本数	17636	17636	17636
F 统计值	257.3082	197.3079	217.3143
$Adj. R^2$	0.3511	0.2932	0.3136
P	0.0000	0.0000	0.0000

注：***、**、* 分别表示1%、5%和10%的显著性水平。

本章也检验了营商环境对企业创新投入的影响，结果如表2-6所示。营商环境与企业创新投入之间的回归系数显著为正，表明营商环境越好，越能激励企业投入更多的研发进行创新，从而提高企业创新水平。

表2-6　营商环境对企业研发投入强度影响的回归结果

自变量	系数	标准误	t - value	P - value
$Envir$	0.8333 ***	0.2113	3.94	0.000
$Size$	-0.0486 **	0.0199	-2.43	0.015
Age	-0.1147 ***	0.0047	-24.33	0.000
$Growth$	-0.0935 ***	0.0341	-2.74	0.006
Lev	-2.4379 ***	0.1102	-22.12	0.000
$Outdir$	0.4666	0.4105	1.14	0.256
$State$	0.0159	0.0524	0.30	0.762
$Lash$	-0.0138 ***	0.0015	-9.07	0.000
$Mshare$	2.2002 ***	0.1792	12.28	0.000
$Constant$	1.0537	0.8033	1.31	0.190
$Year$	Yes			
$Industry$	Yes			
$Number\ of\ obs$	17636			
R^2	0.4171			

续表

自变量	系数	标准误	t – value	P – value
F			340.37	
P			0.0000	

注：***、**、*分别代表1%、5%和10%的显著性水平。

第四节

本章小结

本章首先对与企业创新和营商环境相关的国内外研究文献进行了综述。文献回顾分为两个部分：首先，回顾了与企业创新相关的文献，从宏观和微观视角梳理了现有研究企业创新影响因素的文献；其次，本章回顾了企业经营环境研究的相关文献，特别关注了现有研究营商环境对企业行为影响的文献。在综述已有研究的基础上，提出了在供给侧结构性改革背景下研究企业创新影响因素的重要性。接着，本章基于我国上市公司大样本数据，实证考察了营商环境对企业创新产出的影响，研究发现，营商环境的改善，有助于促进企业创新产出。进一步研究发现，营商环境对企业创新产出的促进作用，对技术含量高的发明专利更为明显，而且，营商环境越好，越能激励企业投入更多的研发进行创新。本章结论为营商环境的经济影响提供了新的证据，丰富了企业创新影响动因的研究，同时也为决策层完善营商环境、提升企业创新水平提供了政策依据。

第三章

混合所有制与企业创新

第一节

研究问题提出

在经济进入新常态和国有企业改革面临多方面压力的形势下，混合所有制改革已被确定为目前推动和深化国有企业改革的重大战略和基本模式。党中央和国务院对发展混合所有制经济提出了明确的要求，要大力推动和深化混合所有制改革。例如，十八届中央委员会第三次全体会议做出的《中共中央关于全面深化改革若干重大问题的决定》中明确提出："积极发展混合所有制经济。国有资本、集体资本、非公有资本等交叉持股、相互融合的混合所有制经济，是基本经济制度的重要实现形式，有利于国有资本放大功能、保值增值、提高竞争力，有利于各种所有制资本取长补短、相互促进、共同发展。"2015年9月国务院正式出台的《关于国有企业发展混合所有制经济的意见》（国发〔2015〕54号）提出："国有资本、集体资本、非公有资本等交叉持股、相互融合的混合所有制经济，是基本经济制度的重要实现形式。"

混合所有制改革的战略地位已被决策层明确确立，但已有关于混合所有制的学术研究仍较为有限，探究混合所有制对国有企业经营行为和战略选择的影响，则为当前顺利推进和深化混合所有制改革提供重要的基础。目前虽有文献从企业业绩（胡一帆等，2006；白重恩等，2006；胡吉祥等，2011；马连福等，2015；张辉等，2016）、企业投资效率（张祥建等，2015）、全要素生产率（刘晔等，2016）、股利分配（卢建词和姜广省，2018）等角度考察了混合所有制的影响，但鲜有研究从企业创新视角考察混合所有制的经济后果。从企业微观视角看，企业创新关系企业的生存与发展、产业升级和产业结构调整、经济发展方式转型，如何提高企业创新水平一直是学术界和决策层广泛关注的重要问题之一。特别是最近爆发的中美贸易摩擦，使得整个社会再次认识到技术创新水平和核心关键技术对于企业和国家的重要战略意义。创新是经济发展的引擎和动力来源，是一国生产率进步、经济长期增长和国家保持竞争优势的基础（Schumpeter，1934；Solow，1957；Porter，1992；Romer，1990）。因此，改变我国经济增长模式、调整产业结构、促进产业升级，需要大力提升我国企业技术创新水平。而且，国有企业是我国经济发展、民生和国家安全的重要基础，《中共中央关于全面深化改革若干重大问题的决定》明确提出："国有企业属于全民所有，是推进国家现代化、保障人民共同利益的重要力量。"因此，本章基于企业创新产出视角，探讨国有企业混合所有制的经济后果，有助于理解混合所有制改革对国有企业发展，乃至整个经济长期增长的重要意义，也对中央推动和深化国有企业混合所有制改革、推动国有企业完善现代企业制度、提升国有企业竞争力具有重要的实践价值。

第二节

理论分析与假设提出

一 混合所有制文献回顾

混合所有制的经济后果怎样，能否促进企业发展和竞争力的提升？已有文献试图对此进行了研究。部分研究发现国有企业改制、民营化提高了企业绩效（胡一帆等，2006；白重恩等，2006；胡吉祥等，2011）。张祥建等（2015）以实施股票发行民营化的企业为研究对象，考察了国有企业混合所有制改革之后国有股控制和高管政治关联对企业投资效率的影响，研究发现，留存国有股比例或高管政治关联降低了企业投资效率。马连福等（2015）研究了混合所有制改革对企业绩效的影响，研究发现，混合主体多样性能够提升绩效，混合主体深入性与公司绩效之间呈现倒 U 形关系。郝云宏和汪茜（2015）以"鄂武商控制权之争"为例，研究了混合所有制企业中民营第二大股东对国有第一大股东的制衡机理，研究发现，民营第二大股东能够对国有第一大股东形成良性的股权制衡。杨志强等（2016）研究发现，企业股权混合程度越高，在进行管理层股权激励方面越谨慎，在国有股比例较高的企业中，混合所有制改革显著提高了管理层股权激励水平。股权混合显著地提升了股权激励抑制高管防御行为的效率。刘晔等（2016）研究我国国有企业混合所有制改革对全要素生产率的影响，研究发现，国有企业改革促进了全要素生产率的提高。王艳（2016）以广东省地方国企"瀚蓝环境"三次并购活动为案例，分析了混合所有制并购促进企业创新驱动发展的内在机制。结果表明，收购方具有原始创新能力、并购双方知识互补、存在创新环境是促使企业通过并购实现创新驱动发展的前提条件。李建标等（2016）讨论了垄断产业混合所有制改革过程中国有资本和非国有资本的博弈过程，并采用实证研究方法，检验了国有资本和非国有资本的行为进路。实验研究发现，非国有资本参与混合所有制改革的期望收益更高，但交易成本和国有股东的超级股东身份影响了其收益。对于国有资本来说，交易成本不影响其收益，而且超级股东身份使得其具有更强的谈判能力。殷军等（2016）通过构建国有企业混合所有制的混合寡头模型，研究了当私有企业生产存在负外部性时国有企业混合所有制对社会净福利的影响。结果发现，当混合所有制改革前的成本不大于某个临界值时，国有企业可以实现混合所有制经营。此外，当行业负外部性对社会福利的损害程度不是太高时，政府推动混合所有制改革可以使社会净福利最大化。进一步研究发现，国有企业自身承担社会性负担的能力和社会性负担的大小决定了国有企业最优混合比例。张乐和韩立岩（2016）研究了混合所有制对中国上市银行不良贷款率的影响，结果发现，民营大股东持股比例增加能够降低银行不良贷款率，外资持股比例增加会提高银行不良贷款率，国有股、民营金融机构、未流通法人股对银行不良贷款率没有显著影响。綦好东等（2017）讨论了国有企业混合所有制改革的动力、阻力和实现路径，提出国有企业混合所有制改革的动力在于提升经济绩效、完善公司治理、保障社会稳定与发展，而混改的阻力来源于激励机制的限制、公众对改革的担忧等。刘汉民等（2018）利用我国央属混合所有制上市企业数据，讨论了混合所有制改革中企业控制权安排这一难题。研究发现，降低前五大股东中国有股占比有利于提升企业绩效，但是过多提高非国有股东占比不会提升企业绩效。提高非国有董事占比能够促进企业绩效提升，但是过多减少国有董事不利于提高企业绩效。祁怀锦等（2018）评估了国有企业混合所有制改革的效应及实现路径，研究发现，混合所有制改革能够提升公司治理水平，有助于国有资产保值增值。实现路径研究发现，混合所有制改革能够提高企业投资效率，降低企业过度投资、缓解投资不足。混合所有制改革可以提升高管薪酬与业绩之间的敏感性，增强激励效果。蔡贵龙等（2018）考察了政府放权意愿对混合所有制改革的影响，研究发现，政府放权意愿能够促进国有企业混合所有制改革，即政府放权意愿越高，非国有股东持股比例和委派董事、监事和高管的比例也相应较高。进一步研究发现，在股权结构维度，对不同行政层级和不同行业竞争程度的国有企业，政府放权意愿对其混合所有制改革均具有明显促进作用。在高层治理结构维度，政府放权意愿对国有企业混合所有制改革的促进作用仅存在于地方国企和竞争性国企中。陈林（2018）对自然垄断、混合所有制改革与企业生产效率之间的关系进行了研究，结果发现，混合所有制改革不能显著地提升自然垄断环节的企业全要素生产率。与自然垄断环节相比，混合所有制改革对竞争性环节的企业生产效率提升作用更明显，因此，混合所有制改革应优先在竞争性环节开展。卢建词和姜广省（2018）研究了混合所有制对国有企业现金股利分配的影响，研究发现，混合所有制程度高也相应提高了国有企业现金股利分配率，而且民营参股和境外参股对现金股权股利分配率的提升作用更强。祁怀锦等（2019）以国有上市公司为样本，研究了政府治理、国企混合所有制改革对资本配置效率的影响，研究发现，国企混合所有制改革能够提升资本配置效率；政府治理水平越高，越能提高资本配置效率。解维敏（2019）以2007～2016年我国非金融类国有A股上市公司为样本，研究了混合所有制对国有企业加大研发投入的影响。研究发现，混合所有制促进了国有企业加大研发投入。进一步研究发现，与集体股东和外资股东相比，私有股东更能促进加大国有企业研发投入。与地方国企相比，混合所有制对中央国企加大研发投入的促进作用更为显著。此外，混合所有制能够提升国有企业管理层薪酬与业绩敏感性，改善国有企业公司治理。沈昊和杨梅英（2019）基于招商局集团案例，分析了国有企业混合所有制改革模式和公司治理问题，研究发现，混合所有制改革引入非公股东的类型与时机对公司业绩和公司治理具有重要影响，员工持股对公司治理的改善作用较为有限，国有股居控股、绝对控股、相对控股地位不是决定国有股绝对控制或相对控制的标准，国有参股和控股模式与绩效间没有必然的联系，关键是要发挥市场在资源配置中的决定作用。皮建才和赵润之（2019）通过构建动态博弈模型，分析了当下游民营企业能够自由进入市场时，上游居垄断地位的国有企业混合所有制改革对下游民营企业过度进入的影响。研究发现，上游国有企业不进行混合所有制改革，下游民营企业会存在过度进入问题。上游国有企业进行混合所有制改革，不仅有利于提升社会福利，也能够缓解下游民营企业过度进入问题。姬新龙和马宁（2019）对混合所有制改革和企业风险的关系进行了研究，结果发现，混合所有制企业的系统性风险和财务风险显著低于非混合所有制企业。进一步研究发现，混合所有制国有控股企业的风险水平较低，而混合所有制民营控股企业的风险水平较高。方明月和孙鲲鹏（2019）利用中国工业企业数据库，研究了国企控股、国企参股、转制民企三种混改策略对"僵尸国企"的影响，结果发现，与纯国有企业相比，混合所有制改革对"僵尸国企"具有显著的治疗效果。而且，三种混改策略中，转制民企优于国企参股，国企参股优于国企控股。进一步研究发现，对于行业垄断程度高、企业政治级别高的企业来说，单纯民营化的混改对"僵尸企业"治疗效果较差。

产权制度作为基础性的制度安排，对企业的行为选择和行为方式有着重要影响，进而可能影响企业的创新决策（Kochhar 和 David，1996；Tihanyi 等，2003）。因此，一些学者从所有权角度研究了创新影响因素问题。例如，徐二明和张晗（2011）研究了中国上市公司国有股权对创新战略选择和绩效的影响，研究发现，国有股与自主创新和过程创新正相关，国有股比例高对产品创新战略的绩效有负面作用，而对过程创新战略选择的绩效作用不显著。吴延兵（2012）研究了中国哪种所有制类型企业最具创新性，研发发现，民营企业在创新投入和专利创新效率上处于领先地位，外资企业在产品创新和生产效率上具有优势，而国有企业在创新投入、创新效率和生产效率上均缺乏竞争力。唐跃军和左晶晶（2014）研究了所有权性质对企业创新的影响，研究发现，中国民营企业研发投入水平更高，而中国国有企业创新投资水平较低。董晓庆等（2014）研究了国有企业创新效率损失问题，研究发现，与民营企业相比，国有企业存在不容忽视的创新效率损失问题。李文贵和余明桂（2015）研究了民营化的股权结构对企业创新的影响，研究发现，非国有股比例高与民营化企业的创新活动显著正相关。江轩宇（2016）基于地方国企"金字塔"形结构视角，研究了政府放权对国有企业创新的影响，研究发现，地方国有企业"金字塔"形层级与企业创新显著正相关，说明政府放权能够促进企业创新。钟昀珈等（2016）研究了国有企业民营化对企业创新效率的影响，研究发现，民营化抑制了企业提升创新效率，降低了企业专利数量。上述文献中企业股权性质和股权结构对企业创新的影响，往往只关注单一所有权性质，或者仅关注股权结构、大股东的作用，而忽视了国有资本、集体资本和非国有资本交叉持股而形成的混合所有制的作用。

目前，已有文献多从企业业绩、全要素生产率、股利分配等角度考察混合所有制的影响，鲜有研究从企业创新视角考察混合所有制的经济后果。从企业微观视角看，创新是企业关键的战略决策之一，关系企业的生存、发展和竞争优势的建立，反映了企业的未来发展方向，乃至经济长期增长，因此如何提高企业创新水平一直是学术界和实务界广泛关注的重要问题，本章检验混合所有制对企业创新产出的影响，有助于深刻认识混合所有制对企业创新和经济长期增长的重要战略意义。

二 混合所有制影响国有企业创新产出理论分析

混合所有制引入了非国有股东，改变了国有企业所有制的构成，可以通过以下方面影响企业创新产出水平。

首先，混合所有制有助于缓解国有企业内部人控制问题，提升企业创新产出水平。"放权让利"改革使得政府作为国有企业的控股股东，不再直接参与企业具体的经营决策，国有企业管理层掌握了企业经营的决策和管理权，成为国有企业实际上的内部控制人。尽管与政府相比，内部人可能对企业实际情况更为了解，对企业所在行业情况和竞争态势更为熟悉，所做出的决策可能具有更高的信息支持度（张春霖，1995），但是，信息不对称和激励机制不相容可能会导致内部人控制存在负面结果（吴敬琏等，1998）。内部人为了追求私人利益最大化，会利用对公司经营决策的控制权，追求有利于短期内提升企业业绩的项目或者在职消费等等，而放弃对公司未来发展有利但具有高度不确定性的创新项目。

监督是防范内部人控制问题的有效手段，但是，作为实际控股股东的政府及其官员本身既是委托人又是代理人，在"终极控制人"缺位的情况下，政府及其官员缺乏足够的动机去积极监督公司内部人以实现股东财富最大化，从而导致内部人控制问题的发生（曾庆生，2004）。特别是当所有权高度分散时，公有产权最终所有人由于专业知识不足和交易成本较高，往往"搭便车"和"理智的冷漠"，使得有效的监督难于实现（Vickers 和 Yarrow，1991；Shleifer 和 Vishny，1997；Shleifer，1998），对管理层缺乏切实有效的监督和激励机制便成为国有企业效率低下的主要原因（Laffont 和 Tirole，1993）。因此，与非国有控股企业相比，国有控股企业内部人控制问题更为严重，相应地，国有控股企业因内部人控制所引发的代理问题远多于非国有控股企业，国有企业内部控制人为了工作稳定性、在职消费、政治晋升等私人收益最大化，会更偏好风险较低的传统型项目，而放弃风险较高的创新项目，导致企业创新不足。

国有企业混合所有制改革，使得非国有资本包括民营和外资资本等进入国有企业。与国有企业相比，民营资本和外资资本等非国有资本由于控制权和现金流权高度统一，因此他们有充分的动机去监督国有企业经营，以保护自身的产权收益。民营资本、外资资本等非国有资本主体为获取新的增长机会和市场份额，从而获取长期收益，会积极推动企业进行创新。而且，非国有资本在混合所有制中所占份额越高，其参与公司治理、约束管理层机会主义行为的动力也就越强。已有研究发现，民营化使得私有主体获取了一定比例的企业股权，为了自身权益，私有主体会有动力去改善企业公司治理机制（Gupta，2005），促进国有企业健全和完善国有企业管理层激励机制。企业创新可能会对企业管理层的工作稳定性带来影响，但对企业长期发展会有积极的作用，因此，非国有股东为了自身利益，会更为有效地监督管理层的经营决策行为，减少管理层的代理问题，积极促使企业管理层选择创新项目、提升企业创新产出水平。

其次，混合所有制有助于降低政府对企业经营行为的干预程度，强化市场对企业经营行为的引导，促进企业创新。政府为了实现政治和社会目标，会利用手中审批权和高管任命权将任务强加于国有企业身上，对企业经营行为进行干预（Shleifer 和 Vishny，1994）。国有企业与政府具有天然紧密的联系，导致国有企业更容易受到政府干预、承担更多的政策性任务，例如国有企业存在冗员、过度投资等问题。虽然转型期国有企业承担一定的政策性任务如保持就业、维护社会稳定等，是一种次优的制度安排（Bai 和 Xu，2005），然而，国有企业的多任务特征导致国有企业成为同时具备行政和市场双重特征的混合体（辛清泉和谭伟强，2009）。此外，地方官员和国企高管也存在代理问题，会利用对国有企业的控制权来实现其政治目标，这不仅影响了国有企业的正常发展和竞争力提升，也增加了国有企业第二类代理成本，导致国有企业放弃按照市场导向进行高风险创新。融资是企业生存与发展的关键因素，在我国，银行贷款仍是企业关键的融资来源，虽然银行业的市场化和垂直化管理使得银行业独立性增强，但是政府仍然可以通过多种方式干预国有银行贷款。此外，市场化改革过程中，政府仍掌握着一些项目的审批权和决策权，对企业设立的审批、产品生产、员工规模等计划，政府都会直接或间接地发挥作用。若能获得政府的支持，企业则容易获得政策性机会，获取高额利润。企业为了生存和发展、获取融资和政策性机会，往往也更有动力去配合政府的政治和社会目标，而忽视通过研发创新来提升企业竞争优势，导致企业创新不足。

虽然"放权让利"改革改变了国有企业制度中经济层面的产权安排，但未改变行政层面的安排，中央政府和地方政府仍然控制着中央国有企业和地方国有企业高级管理人员的任免权，控制人员任免权也是政府控制国有企业的主要方式（韩朝华，2003）。而且，从政府对其所控股企业的管理方式来看，"放权让利"改革之后，政府主要是通过任命控股企业高级管理人员来对控股国有企业进行管理，而对控股企业高级管理人员的选拔和任命，更多的是一种政治过程（Qian，1998），而非基于候选人的专业知识和行业经验，这使得政府任命的高级管理人员往往缺乏对企业实际情况和行业发展等的了解，对企业创新专业性管理不足，难以根据市场竞争引导安排创新，导致创新水平较低。

混合所有制改革使得非国有股权比例提高，继而有助于强化国有企业内部股权制衡，会增加地方干预企业的成本（Sappington 和 Stiglitz，1987），有助于混合所有制企业进行更多的创新。而且，非国有股权比例的提高，有助于完善公司治理，监督国有企业管理层的经营决策，促进企业按照市场导向开展技术创新活动，承担更多的风险性创新项目。基于上述分析，本章认为混合所有制促进了国有企业创新产出。

第三节

实证研究设计与结果分析

一 样本选择和数据来源

本章样本来源于我国在上海证交所和深圳证交所进行交易的非金融 A 股上市公司, 剔除了金融类上市公司和 ST 类公司。本章实证检验中用到了混合所有制数据、公司治理数据、公司财务数据、地区经济增长数据、企业专利申请数据、企业研发投入数据。其中, 混合所有制数据是根据已有文献手工整理计算获得, 地区经济增长、公司财务、公司治理、公司专利申请和研发投入数据来自国泰安 (CSMAR) 数据库。

二 模型设定与变量定义

为了检验混合所有制与企业创新产出的关系, 本章设定模型 (1) 如下。

$$Inno_i = \alpha_0 + \alpha_1 MO_i + \alpha_2 Size_i + \alpha_3 Age_i + \alpha_4 Lev_i + \alpha_5 Cash_i + \alpha_6 Outdir_i +$$
$$\alpha_7 Duality_i + \alpha_8 GDP_i + \sum Industry + \sum Year + \varepsilon_i \quad (1)$$

其中, *Inno* 代表企业创新产出, 本章借鉴 Wong 等 (2005)、李宏彬等 (2009)、倪骁然和朱玉杰 (2016) 的研究, 采用企业专利申请数来衡量企业创新, 等于企业专利申请数量的自然对数。此外，本章也采用企业研发投入强度来进行稳健性检验。*MO*（Mixed Ownership）代表企业混合所有制。首先，本章从万得（Wind）和国泰安数据库中获取公司最终控制人信息，将上市公司区分为国有控股和非国有控股企业。其次，下载公司前十大股东详细数据，通过查阅公司年度报告、百度搜索（www.baidu.com）、查询国家企业信用信息公示系统（http：//www.gsxt.gov.cn）等途径，对前十大股东性质进行判断，借鉴卢建词和姜广省（2018）等研究，将前十大股东区分为国有股、私营股、集体股、外资股，汇总后得到每种类型股东的数量和该类型股东的持股比例。在此基础上，借鉴陈传明和孙俊华（2008）、卢建词和姜广省（2018）研究，利用股东股份的多元化来衡量混合所有制。股东股份的多元化（*MO*），采用熵指数（*EI*）来衡量，公式为 $EI = \sum Q_j \times ln(1/Q_j)$，其中 Q_j 表示企业第 j 种类型股东持股份额占前十大股东持股份额的比例，*EI* 数值越大，代表不同性质股东持股份额的多元化程度越高，混合所有制程度也越高。

同时，本章借鉴已有研究创新的文献，控制了其他可能影响企业创新产出的变量。包括企业规模（*Size*）、企业年龄（*Age*）、企业资产负债率（*Lev*）、企业现金持有（*Cash*）、独立董事比例（*Outdir*）、两职兼任（*Duality*）、地区经济发展水平（*GDP*）、行业固定效应（*Industry*）和年度固定效应（*Year*），变量的具体定义见表 3-1。

表 3-1　变量及其定义

变量		变量定义
企业创新产出	*Inno*	等于企业专利申请数量的自然对数
企业发明专利	*Invention_app*	等于企业发明专利申请数量的自然对数
企业实用新型专利	*Utilitymodel_app*	等于企业实用新型专利申请数量的自然对数

变量		变量定义
企业外观设计专利	*Design_app*	等于企业外观设计专利申请数量的自然对数
混合所有制	*MO*	采用熵指数（*EI*）来衡量，公式为 $EI = \sum Q_j \times \ln(1/Q_j)$，其中 Q_j 表示企业第 j 种类型股东持股份额占前十大股东持股份额的比例
企业规模	*Size*	等于总资产的自然对数
企业年龄	*Age*	用企业样本所在年份减去上市年份
企业资产负债率	*Lev*	等于总负债与总资产的比值
企业现金持有	*Cash*	企业经营活动现金流量净额与总资产的比例
独立董事比例	*Outdir*	企业独立董事人数占董事会人数的比例
两职兼任	*Duality*	若董事长与总经理两职兼任，则取值为 1，否则取值为 0
地区经济发展水平	*GDP*	等于地区 *GDP* 的自然对数
年度固定效应	*Year*	年度哑变量
行业固定效应	*Industry*	行业哑变量，根据中国证监会发布的《上市公司行业分类指引》对行业进行分类

三　变量的基本描述性统计

表 3 - 2 报告了样本变量的描述性统计分析结果。为了控制异常值的影响，本章对模型中所有连续变量在 1% 水平上利用 winsorize 方法进行了极端值处理。以企业专利申请数量自然对数衡量的企业创新产出均值为 1. 158，不同企业之间创新水平存在差异，最大值为 6. 2634，最小值为 0。企业发明专利申请数量自然对数的均值为 0. 8172，最小值为 0，最大值为 5. 3982。企业实用新型专利申请数量自然对数的均值为 0. 7513，最小值为 0，最

大值为 5. 4467。企业外观设计专利申请数量自然对数的均值为
0. 2488，最小值为 0，最大值为 4. 3041。企业研发投入强度的均
值为 1. 1415%，不同企业间研发投入强度差异较大，最小值为 0，
最大值为 11. 54%。混合所有制的衡量指标均值为 0. 3358。企业
规模均值为 22. 3599。企业年龄均值为 11. 8843。企业资产负债率
均值为 0. 5225。企业现金流均值为 0. 1657。企业独立董事比例的
均值为 0. 3659。两职合一的均值为 0. 0962。地区 GDP 自然对数
的均值为 9. 8414。

表 3 – 2　样本变量描述性统计结果

变量	均值	中位数	标准差	最小值	最大值
Inno	1. 1580	0	1. 6050	0	6. 2634
Invention_app	0. 8172	0	1. 2872	0	5. 3982
Utilitymodel_app	0. 7513	0	1. 3034	0	5. 4467
Design_app	0. 2488	0	0. 7748	0	4. 3041
R&D（%）	1. 1415	0	2. 2110	0	11. 54
MO	0. 3358	0. 5130	0. 2364	0	0. 9559
Size	22. 3599	22. 1676	1. 3862	19. 6455	26. 4262
Age	11. 8843	12	5. 5383	0	23
Lev	0. 5225	0. 5340	0. 2044	0. 0812	1. 0350
Cash	0. 1657	0. 1339	0. 1206	0. 0102	0. 6031
Outdir	0. 3659	0. 3333	0. 0520	0. 2857	0. 5714
Duality	0. 0962	0	0. 2948	0	1
GDP	9. 8414	9. 8772	0. 7750	7. 3153	11. 2837

表 3 – 3 报告了检验模型中各变量间的 Pearson 相关系数。从
中可见，企业创新产出与混合所有制呈现正相关关系，表明混合
所有制能够促进企业创新产出。另外，从相关系数表中可以看
出，自变量之间不存在严重的多重共线性问题。

表 3 - 3 变量间的 Pearson 相关系数

变量	Innovation	Invention_app	Utilitymo-del_app	Design_app	R&D	MO	Size	Age	Lev	Cash	Dudong	Oudir	GDP
Innovation	1												
Invention_app	0.9340***	1											
Utilitymo-del_app	0.9067***	0.8100***	1										
Design_app	0.5699***	0.4462***	0.4677***	1									
R&D	0.3915***	0.3957***	0.3224***	0.1701***	1								
MO	0.0690***	0.0769***	0.0459***	0.0841***	0.0799***	1							
Size	0.2017***	0.2238***	0.2422***	0.0757***	-0.0575***	-0.0208**	1						
Age	-0.1141***	-0.1024***	-0.0921***	0.0034	-0.0881***	-0.0438***	0.0839***	1					
Lev	-0.0414***	-0.0348***	0.0029	-0.0397***	-0.2022***	-0.0200*	0.2920***	0.1404***	1				
Cash	0.0496***	0.0419***	0.0299***	0.1061***	0.1484***	0.0639***	-0.1364***	-0.1210***	-0.3179***	1			
Oudir	0.0287	0.0382***	0.0345***	0.0026	0.0109	0.0014	0.1631***	0.0202*	0.0613***	-0.0118	1		
Duality	0.0217**	0.0303***	0.0009	0.0446***	0.0047	0.0650***	-0.0632***	0.0015	0.0128	0.0142	0.0301**	1	
GDP	0.1433***	0.1500***	0.1190***	0.1080***	0.2001***	0.1047***	0.149***	0.1904***	-0.0363***	0.0238*	-0.0111	0.0188*	1

注: ***、**、* 分别代表 1%、5%、10% 的显著性水平。

四 实证结果分析

1. 混合所有制与企业创新产出的回归结果

表 3 - 4 报告了混合所有制对企业创新产出影响的回归结果。表 3 - 4 的第（1）列是只放入了控制变量的回归结果，从中可见，企业规模与企业创新产出的回归系数显著正相关，说明企业规模能够促进创新产出。企业年龄与创新产出显著负相关，表明年龄越大的企业，创新动力越差。企业资产负债率对企业创新产出的影响显著为负，表明财务状况差的企业，创新产出水平较低。两职合一能够促进企业创新产出，说明两职合一能够提升决策效率。地区经济发展水平与企业创新产出显著正相关，表明地区经济发展水平高的地区，竞争较为激烈，企业会选择创新来获取竞争优势。

第（2）列是纳入了股东股份多元化变量的回归结果，结果显示股东股份多元化变量与企业创新产出显著正相关，表明股东股份多元化，能够提高企业创新产出水平。表 3 - 4 的回归结果支持研究假设，即混合所有制促进了企业创新产出。

表 3 - 4 混合所有制对企业创新产出影响的回归结果

变量	(1)	(2)
C	- 7. 0242 *** (- 20. 23)	- 7. 0610 *** (- 20. 33)
MO		0. 1909 *** (3. 31)
$Size$	0. 2824 *** (24. 67)	0. 2828 *** (24. 72)

变量	(1)	(2)
Age	-0.0303***	-0.0296***
	(-10.89)	(-10.61)
Lev	-0.3562***	-0.3657***
	(-4.58)	(-4.70)
Cash	0.0581	0.0353
	(0.46)	(0.28)
Outdir	-0.5467**	-0.5498**
	(-2.07)	(-2.08)
Duality	0.1652***	0.1569***
	(3.61)	(3.43)
GDP	0.1988***	0.1931***
	(10.12)	(9.80)
Industry	Yes	Yes
Year	Yes	Yes
N	9163	9163
F	150.96	147.34
Prob > F	0.0000	0.0000
Adj. R^2	0.3708	0.3715

注：表中数据为各自变量的回归系数，括号内的数值为 t 值；***、**、* 分别
表示1%、5%和10%的显著性水平。

2. 混合所有制与企业创新产出：基于不同类型的创新比较

在中国，专利包括发明专利、实用新型专利、外观设计专利
三种类型，这三种专利代表了不同的技术水平和创新能力，需要
的创新投入也就存在差异。发明专利代表了较高的技术创新水
平，相应的所需投入较多（张杰，2015），而实用新型专利和外
观设计专利因其代表的技术创新水平低于企业发明专利，因此，
所需投入相对会低一些。表3-5报告了混合所有制对三种专利

的影响结果，从中可见，混合所有制与三种类型的专利申请都显
著正相关，这表明混合所有制既能够促进国有企业从事技术水平
高的发明专利创新，也能够鼓励国有企业进行实用新型创新和外
观设计创新。这进一步支持了研究假设即混合所有制能够促进企
业创新产出。

表3-5　混合所有制与企业创新产出：基于不同类型的创新比较

变量	发明专利申请数量	实用新型专利申请数量	外观设计专利申请数量
C	-6.2777*** (-21.89)	-5.6169*** (-19.47)	-2.8418*** (-14.73)
MO	0.2035*** (4.27)	0.0966** (2.02)	0.1715*** (5.36)
Size	0.2466*** (26.09)	0.2371*** (24.94)	0.0932*** (14.66)
Age	-0.0236*** (-10.26)	-0.0185*** (-7.99)	0.0050*** (3.21)
Lev	-0.2981*** (-4.63)	-0.2512*** (-3.88)	-0.0105 (-0.24)
Cash	0.0097 (0.09)	0.0054 (0.05)	0.4144*** (5.93)
Outdir	-0.2856 (-1.31)	-0.3161 (-1.44)	-0.2742* (-1.87)
Duality	0.1662*** (4.39)	0.0966** (2.54)	0.0989*** (3.89)
GDP	0.1597*** (9.81)	0.1050*** (6.41)	0.0736*** (6.72)
Industry	Yes	Yes	Yes
Year	Yes	Yes	Yes

续表

变量	发明专利 申请数量	实用新型专利 申请数量	外观设计专利 申请数量
N	9163	9163	9163
F	125.33	129.53	50.72
$Prob > F$	0.0000	0.0000	0.0000
$Adj. R^2$	0.3343	0.3417	0.1672

注：表中数据为各自变量的回归系数，括号内的数值为 t 值；***、**、* 分别表示 1%、5% 和 10% 的显著性水平。

3. 混合所有制与企业创新产出：不同股份性质的作用

表 3-6 进一步考察了不同股份性质的股东对企业创新产出的影响。从理论上来说，外资股东能够对企业管理层进行紧密监督，有效控制管理层机会主义行为，促进管理层实施创新项目（李文贵和余明桂，2015）。Aggarwal 等（2011）研究发现，外资股东特别是国际型的投资者，因为其独立性较高，能更好地发挥治理作用外，有效地改善公司治理机制。除了实施有效的公司治理作用，外资股东还能给企业带来技术外溢效应。Guadalupe 等（2012）研究发现，外资股东并购后，能够带来新的技术、设备等，帮助企业进行更多的产品创新和过程创新，进而促进生产率的提高。陈玉罡等（2015）研究了外资并购对科技创新的影响，研究发现，外资并购能够显著促进目标公司科技研发人员数量。因此，外资股东能够促进企业进行创新。

在我国，集体股权大多是以职工集体持股的形式存在，而职工集体持股往往也存在所有者缺位问题，因为股权归集体职工所有，每个个人职工由于缺乏专业知识和监督成本较高，往往选择"搭便车"，导致集体股权也存在一定的内部人控制问题。此外，集体股权使得职工拥有所有人和员工两种身份，两种身份之间存在利益冲突，所以集体股权难以实现有效的公司治理（李文贵和余明桂，2015）。刘小玄（2004）通过对改制企业的不同资本股权研究发现，集体资本对生产效率没有明显的作用。因此，集体股权对国有企业的影响较为有限，难以促进国有企业实施更多的创新项目。因此，集体股东对企业创新的作用较为有限。

对于私有企业来说，因为企业所有者的控制权与现金流权相对高度统一，为了保护个人利益，私有企业所有者有内在的动机去监督国有企业管理层的经营决策。而且，为了获取稳定的投资收益，私有企业所有人会推动国有企业管理层承担更多的创新项目。因此，私有股东能够提升企业创新水平。

从表3-6的回归结果可见，集体股东对创新产出影响的回归系数不显著，说明集体股东对国有企业创新产出没有影响。私有股东对国有企业专利申请行为具有负向作用。外资股东能够提高国有企业专利申请水平，提高企业创新产出。

表3-6　混合所有制中不同类型股东对企业创新产出的影响

变量	集体股东	私有股东	外资股东
C	−7.0225 *** (−20.22)	−6.8607 *** (−19.42)	−6.5410 *** (−18.10)
MO	−0.0083 (−0.38)	−0.0052 ** (−2.49)	0.0092 *** (4.75)
Size	0.2822 *** (24.64)	0.2775 *** (23.89)	0.2653 *** (22.15)
Age	−0.0303 *** (−10.90)	−0.0315 *** (−11.16)	−0.0296 *** (−10.62)
Lev	−0.3558 *** (−4.57)	−0.3466 *** (−4.45)	−0.3464 *** (−4.45)

续表

变量	集体股东	私有股东	外资股东
Cash	0.0570 (0.45)	0.0826 (0.66)	0.0462 (0.37)
Outdir	−0.5499 ** (−2.08)	−0.5626 ** (−2.13)	−0.5698 ** (−2.16)
Duality	0.1661 *** (3.62)	0.1661 *** (3.63)	0.1624 *** (3.55)
GDP	0.1991 *** (10.13)	0.1993 *** (10.15)	0.1877 *** (9.50)
Industry	Yes	Yes	Yes
Year	Yes	Yes	Yes
N	9163	9163	9163
F	146.87	147.13	147.84
Prob > F	0.0000	0.0000	0.0000
Adj. R²	0.3707	0.3711	0.3723

注：表中数据为各自变量的回归系数，括号内的数值为 t 值；*** 、** 、* 分别
表示 1% 、5% 和 10% 的显著性水平。

4. 混合所有制与企业创新产出：中央国企与地方国企的对比分析

表 3 – 7 进一步考察了混合所有制对企业创新产出的影响，
在中央国企和地方国企中是否存在差异。结果显示，不同性质
股东持股份额的多元化对中央国企和地方国企创新产出的影响
都显著为正，说明不同性质股东持股份额的多元化能够促进中
央国企和地方国企的创新产出水平。进一步而言，混合所有制
对中央国企创新产出作用要显著高于对地方国企创新产出作用，
这在一定程度上表明应推进和加深对中央国企的混合所有制
改革。

表 3 – 7　混合所有制对企业创新产出的影响：企业性质的作用

变量	中央国企	地方国企
C	-6.9023^{***} (-9.22)	-7.3926^{***} (-18.40)
MO	0.2268^{**} (2.02)	0.1543^{**} (2.35)
Size	0.2706^{***} (12.47)	0.3017^{***} (21.92)
Age	-0.0281^{***} (-4.97)	-0.0305^{***} (-9.83)
Lev	-0.9118^{***} (-5.78)	-0.0974 (-1.12)
Cash	-0.1833 (-0.78)	0.1316 (0.90)
Outdir	-1.9729^{***} (-3.68)	0.1380 (0.46)
Duality	0.6736^{***} (6.10)	0.0266 (0.56)
GDP	0.3054^{***} (7.11)	0.1515^{***} (7.12)
Industry	Yes	Yes
Year	Yes	Yes
N	2990	6173
F 统计值	43.03	110.74
Adj. R^2	0.3361	0.3968

注：表中数据为各自变量的回归系数，括号内的数值为 t 值；***、**、* 分别表示 1%、5% 和 10% 的显著性水平。

五　稳健性检验

1. 混合所有制对企业创新投入的影响

本章借鉴 Seru（2014）、倪骁然和朱玉杰（2016）的研究，以企业研发投入强度作为企业创新投入的替代变量，对混合所有

制和企业创新产出关系进行了稳健性检验。表 3 - 8 报告了混合
所有制对企业研发投入强度影响的回归结果，从中可见，不同性
质股东持股份额的多元化对企业研发投入强度有着显著为正的作
用，说明混合所有制改革引入不同性质的股东，有助于完善公司
治理机制，能促进国有企业进行更多的风险性研发投入。

表 3 - 8　混合所有制对企业研发投入强度影响的回归结果

变量	(1)	(2)
C	5.1220 ***	5.0885 ***
	(11.07)	(10.99)
MO		0.1740 **
		(2.26)
Size	− 0.1188 ***	− 0.1184 ***
	(− 7.79)	(− 7.76)
Age	− 0.0820 ***	− 0.0813 ***
	(− 22.10)	(− 21.87)
Lev	− 1.1092 ***	− 1.1179 ***
	(− 10.69)	(− 10.77)
Cash	0.3139 *	0.2932 *
	(1.87)	(1.75)
Outdir	0.0082	0.0054
	(0.02)	(0.02)
Duality	− 0.0661	− 0.0736
	(− 1.08)	(− 1.21)
GDP	0.1476 ***	0.1424 ***
	(5.64)	(5.42)
Industry	Yes	Yes
Year	Yes	Yes
N	9163	9163
F	179.64	175.01
Prob > F	0.0000	0.0000
Adj. R^2	0.4124	0.4127

　　注：表中数据为各自变量的回归系数，括号内的数值为 t 值；*** 、** 、* 分别
表示 1% 、5% 和 10% 的显著性水平。

2. 采用解释变量滞后一期的控制内生性问题的回归结果

混合所有制与企业创新产出之间可能存在内生性关系，例如，企业创新战略可能影响企业所有制的安排，为了促进创新产出，企业可能会进行所有制的调整。因此，为了对混合所有制和企业创新产出之间的内生性问题进行控制，本章采用了解释变量滞后一期的方法对之前的回归结果进行稳健性检验，这样处理的原因是企业当年的创新战略不会影响上一年的混合所有制安排。表3-9报告了混合所有制滞后一期与企业创新产出的回归结果。从中可以发现，混合所有制与企业创新产出的回归系数显著为正，这与之前的研究发现保持一致，即混合所有制促进了企业创新产出，说明前文的回归结果是稳健的。

表3-9　解释变量滞后一期的混合所有制与企业创新产出的回归结果

变量	回归系数	T 值
C	-7.1779^{***}	-19.16
MO	0.2012^{***}	3.22
$Size$	0.2887^{***}	23.43
Age	-0.0315^{***}	-10.33
Lev	-0.3779^{**}	-4.50
$Cash$	0.0770	0.56
$Outdir$	-0.5093^{*}	-1.81
$Duality$	0.1441^{***}	2.90
GDP	0.1931^{***}	9.04
$Industry$	Yes	
$Year$	Yes	
N	9163	
F	135.28	
$Prob > F$	0.0000	
$Adj. R^2$	0.3738	

注：***、**、*分别表示1%、5%和10%的显著性水平。

第四节

本章小结

混合所有制是当前推动和深化国有企业改革的重要战略举措。然而，混合所有制的经济后果是怎样的，是否带来了企业经营效率的提高？这一问题的回答对我国推动和深化国有企业混合所有制改革，具有重要的理论意义和实践意义。因此，混合所有制是否促进了国有企业创新，便是一个需要学术界回答的重要问题。本章理论论证了混合所有制对国有企业创新产出的影响，并利用中国非金融类 A 股上市公司数据，实证检验了混合所有制对企业创新产出的影响。本章得到了如下重要结论：首先，混合所有制显著地促进了企业创新产出。对发明专利申请、实用新型专利申请和外观设计专利申请来说，混合所有制都具有显著的促进作用。其次，本章也发现，外资股东对国有企业专利申请的作用更为明显，而集体股东和私有股东对国有企业专利申请的作用较为有限。本章的创新之处体现在以下几个方面：第一，已有文献多研究混合所有制对企业绩效、股利分配、冗员等问题的影响，鲜有研究考察混合所有制对企业创新的影响。本章基于微观的企业创新视角，考察国有企业混合所有制的经济后果，为评价混合所有制的有效性提供了新的证据和结论。第二，本章丰富了企业创新影响因素的研究成果。第三，本章的研究结论也有着重要的政策启示，为推动和深化国有企业混合所有制改革提供了政策基础。

第四章

薪酬契约与企业创新

第一节

研究问题提出

技术创新是生产率进步和经济增长的主要源泉（Solow，1957）。大量的经济学研究指出，技术创新对企业的长期竞争优势、对行业乃至整个国家的长期发展是至关重要的（Porter，1992；Romer，1990）。对我国来说，我国多数行业和企业的重要核心技术自给率较低、对外依存度较高，这极大地限制了我国企业参与国际竞争的能力。因此，激励企业创新、提升企业自主创新能力是我国大多数企业面临的关键挑战。创新与企业其他战略决策不同，因为创新产出存在高度不确定性、失败率较高、短期内难以产生回报等特点，因此企业管理层不愿进行风险性较高的创新投入。代理理论认为，对代理人进行薪酬激励能够将代理人的利益与委托人利益联系起来，激励代理人为委托人的财富最大化而努力。基于薪酬激励理论，本章研究了薪酬契约对企业创新的影响。具体来说，本章分别考察了业绩薪酬和薪酬差距与企业创新的关系。

第二节

业绩薪酬与企业创新研究

一 业绩薪酬与企业创新研究背景

业绩薪酬能否激励管理层进行企业创新，这是既有研究尚未深入探讨的重要学术问题。正如 Holmstrom（1989）指出的，技术创新具有较高的失败率，而且创新收益是不确定的，短期内难以带来回报，企业技术创新的这些特征可能导致管理层不愿进行创新。而且由于管理者任期的延长和他们的财富通常与他们所在企业的业绩挂钩（Alchian 和 Demsetz，1972），所以管理层不愿承担具有高风险的创新项目，从而导致企业技术创新不足。

近年来，高管的天价薪酬，以及高管与普通员工之间逐渐拉大的薪酬差距，引起了社会公众和监管部门的广泛关注，高管薪酬与企业业绩的不匹配受到了广泛的批评和指责。现代企业所有权与控制权的相互分离引发了一个难题，即管理层和股东之间存在目标不一致的问题，管理层可能为了追求私人收益最大化而损害股东的利益，如追求在职消费、偷懒等等（Berle 和 Means，1932；Jensen 和 Meckling，1976）。最优契约理论认为，管理层薪酬激励是解决股东和管理层之间代理问题的有效工具，向管理层提供薪酬激励能够将管理层的利益与股东的利益协同起来，有效的薪酬契约能够激励管理层为股东利益最大化而努力，特别是基于业绩的薪酬激励可以将管理层的利益与股东的利益很好地协同起来，能够激励管理层做出更有效率的投资决策以创造价值（Morck 等，1988；McConnell 和 Servaes，1990；Jensen 和 Murphy，1990）。Johnson 和 Tian（2000）通过构建模型，比较研究了不同类型股票期权的定价和激励特征，结果显示，与传统型的股票期权相比，业绩型股票期权的激励效果更为明显。Kuang 和 Qin（2009）基于英国业绩型股票期权数据的研究发现，业绩型股票期权有助于将管理层和股东更为紧密地联系起来，业绩型股票期权的激励效果显著优于传统型股票期权的激励效果。

理论界和实务界都在强调薪酬绩效敏感性，那么，薪酬与业绩联系越紧密，真的激励越有效吗？目前基于业绩的薪酬激励方案的有效性的证据是相当模糊和饱受争议的，已有研究提出基于业绩的薪酬激励不利于激励创新（Manso，2011；Ederer 和 Manso，2013）。刘银国等（2017）研究了业绩型股票期权对盈余管理方式的影响，研究发现，与"非激励性"股权激励计划企业相比，"激励性"股权激励计划企业的真实活动盈余管理和应计项目盈余管理程度更高。企业管理层的工作多属于决策性质，需要应对各种不确定性情况。企业创新是风险高、收益高度不确定性的投资决策，需要管理层投入更多的决策判断，监控难度大，很难客观地考核和反映管理层的努力水平。将管理层的薪酬与企业绩效联系起来可以降低监督成本，股东能够确保管理层做出增加企业价值的投资决策。但是，因为管理层是风险规避的代理人，所以他们可能会选择没有风险的保守型项目，而放弃风险型项目。如果股东想激励管理层进行技术创新，那么传统的基于业绩的薪酬支付可能不会对管理层形成有效的激励。以上问题的存在使得我们亟须研究基于业绩的薪酬制度的有效性，特别是基于业绩的管理层薪酬制度是否抑制了管理层进行技术创新。本节利用

我国非金融类 A 股上市公司数据，理论分析和实证检验基于业绩
的管理层薪酬支付对企业创新产出的影响。

二　业绩薪酬对企业创新影响的理论分析

市场中的企业是一个人力资本与非人力资本的特别合约（周
其仁，1996）。人力资本是推动企业成长和发展、促进经济增长、
创造价值的关键因素。当前，中国经济面临转变增长方式、优化
产业结构、促进产业升级的挑战，实现上述目标关键是要充分利
用劳动力资本、知识、技术等要素的作用。但是，知识、技术能
否在企业发展中发挥关键作用，这在很大程度上取决于能否有效
激励拥有技术和知识的劳动者。如果不能提供合适的激励，拥有
技术和知识的劳动者则缺乏动力为企业努力工作（钱书法和周绍
东，2007）。在经济全球化日益加深、市场竞争日益加剧的背景
下，企业家才能已经成为影响企业竞争优势的关键生产要素。企
业家才能不仅关系着企业财富创造，更是影响着企业的经营成
败，因此，如何激励企业家、充分调动其才能发挥已成为现代企
业改革的重要内容。"企业家才能"是企业家人力资本在企业中
的应用，是企业家应对市场不确定性、决定"做什么和怎么做"
的经营决策的能力，任何企业契约都离不开管理层的专业知识和
能力（周其仁，1996）。

创新对企业生存和发展来说至关重要。研发新产品和改良生
产过程有助于企业获取新的市场份额和价值源泉。但是，技术创
新是一项高风险的行为，未来收益的高度不确定性，需要企业资
源和管理层才能的长期投入（Holmstrom，1989；Aghion 和 Tirole，
1994）。股东因为能够构建多元化投资组合，进而规避企业特质

性风险给其个人财富带来的影响，所以是风险中性的。但是，管理层将其人力资本投入其所在的公司，不能构建人力资本投资的分散化投资组合，这导致管理层承担了较高的企业特质风险和系统风险，所以是风险规避的（Smith 和 Stulz，1985；Guay，1999）。而且，由于管理层的财富和工作稳定性是与企业业绩直接相关的，因此管理层承担风险的动机是较低的（Gray 和 Channella，1997；Wiseman 和 Gomez - Mejia，1998；Balkin 等，2000）。此外，管理层的激励主要是基于基本工资和奖金这些短期激励，所以管理层更倾向于短期目标（Tosi 等，2000）。管理层可能利用其权力影响企业的战略选择，放弃高风险的创新项目，其机会主义行为增加了企业的代理成本。

由代理问题引发的企业技术创新不足已得到了广泛的关注，大量基于公司治理对代理问题影响的文献，研究考察了薪酬激励对企业技术创新的作用，并得到了一些有意义的发现。因为技术创新是长期的高风险、收益不确定性投资项目，而且信息不对称问题在技术创新方面更为严重，所以股东必须激励管理层进行创新。Balkin 等（2000）以 90 家高科技企业为样本，实证检验了 CEO 薪酬和企业创新之间的关系，在控制了企业规模、绩效和其他变量之后，研究发现 CEO 短期薪酬和企业创新之间存在显著的相关关系，而长期薪酬影响不显著。Coles 等（2006）研究发现，薪酬激励能够减轻管理层的风险规避和代理问题，管理层薪酬和企业风险之间存在强因果关系。Lambert 等（1991）认为，当高管持股比例低时可能导致研发投入不足，而当持股增加时，由于高管能够内部化研发项目成功的经济收益，所以投资不足问题便减轻了，因此高管持股的增加能够激励高管增加研发投入。国内学者对管理层薪酬激励与企业技术创新关系也进行了一些研究。

唐清泉和甄丽明（2009）研究发现薪酬激励能够促进管理层研发投入。李春涛和宋敏（2010）利用世界银行对中国 18 个城市所做的制造业企业调查数据，研究发现 CEO 薪酬激励能够促进企业创新。Lin 等（2011）研究发现管理层薪酬激励能够促进民营企业的创新。

但是，上述考察薪酬激励与企业创新的研究，没有考虑管理层薪酬契约中薪酬激励强度与业绩评价指标关系紧密的作用。选择适当的业绩考核评价指标是设计管理层薪酬激励契约的关键（Murphy 和 Oyer, 2001）。Bushman 和 Smith（2001）研究表明，根据最优契约理论，在设计管理层薪酬激励契约时，如果某一业绩考核评价指标能够更为有效地、更为敏感地反映管理层的努力程度和管理才能时，薪酬契约就应引入该业绩考核评价指标体系。如果某一业绩考核评价指标不能有效地反映管理层努力程度和管理才能，且充满噪声和难以计量时，管理层薪酬激励契约则不能引入该业绩考核指标体系，而应引入其他业绩考核评价指标体系。潘飞等（2006）收集整理了我国上市公司披露的高级管理人员激励契约，总结和分析了我国现阶段高级管理人员激励契约的现状和存在的问题。分析发现，我国上市公司中高级管理人员存在职责不清问题，高级管理人员容易利用手中权力给自己制定报酬、考核业绩。而且，我国考核评价企业管理层时以财务业绩指标为主，例如企业净利润、利润总额、净资产收益率等，而较少采用非财务业绩指标和主观评价指标。吴育辉和吴世农（2010）统计分析了我国上市企业实施的股权激励计划中业绩考核指标的选择，研究发现，超过 80% 的实施股权激励企业将净利润增长率和净资产收益率作为业绩考核指标。

近年来，随着我国市场化改革的推进、公司薪酬制度的改革与完善，大量的研究发现我国上市公司的管理层薪酬与公司绩效之间的敏感性在逐步提高（杜胜利和翟艳玲，2005；方军雄，2009）。随着国有企业改革的深入，企业绩效已逐渐成为国有企业管理层薪酬设计、政治升迁的关键考核指标（陈冬华等，2005）。民营企业受到的政府干预程度相对较低，经营目标较为单一，而且面临的市场竞争压力更大，这使得民营企业管理层的薪酬与企业业绩关系更为紧密（Firth 等，2006）。方军雄（2009）以2001～2007 年上市公司为样本，从我国上市公司的薪酬 – 业绩敏感性角度考察了我国上市公司高管薪酬机制的效果。研究发现，随着我国公司薪酬制度的改革和推进，我国上市公司高管的薪酬与业绩已经呈现显著的敏感性。

心理学和实验研究发现，在需要发挥创造性的工作任务中，业绩薪酬不利于激励创新。业绩指标会导致管理层注重企业短期业绩的提高，甚至会以损害企业长期利益为代价来追求短期利益（Ittner 和 Larcker，1998）。Dechow 和 Sloan（1991）研究发现，会计绩效会使得经理人为了提升短期业绩而降低高风险的研发投入，进而影响企业长期发展。McGraw（1978）、McCullers（1978）、Kohn（1993）等人研究发现，按业绩支付薪酬可以鼓励重复性的工作，但是不能鼓励开拓新的未经验证的工作方法。研究认为，不应使用货币性激励来激励代理人从事创造性和创新性的工作。Ederer 和 Manso（2013）研究发现，传统的按业绩支付薪酬对特定类型的工作任务（如体力劳动）是很适用的，但是对其他类型的工作任务（如创造性的工作）则不适用。而且，Healy（1985）研究发现，会计绩效指标易被经理人操纵。业绩评价考核只关注会计业绩指标，而忽略其他考核指标，容易诱导经理人利用操纵盈余等方式提高企业会计业绩以获取高额薪酬回报，这对公司的长期发展和股东利益都是不利的。所以，很多学者提倡在设计考核评价管理层的薪酬契约中引入非财务业绩指标（Ittner 和 Larcker，1998）。

Holmstrom（1989）和 Manso（2011）提出，给定创新的特点，能够鼓励创新的激励合约对短期内失败有较高的容忍度、对长期成功予以回报，传统的基于业绩的薪酬激励方案是无效的。如果代理人因首期失败而被惩罚，那么他将不愿进行创新。如果代理人因首期成功而被给予奖励，那么他将被鼓励利用已有的技术而不是开发新的技术（Manso，2011）。因此，激励管理层投资收益不确定和失败率高的创新项目，股东必须要提供合适的薪酬激励契约。综上所述，按业绩支付薪酬容易诱导管理层为了获取薪酬回报而努力提升企业短期内业绩，放弃高风险的创新项目，进而影响公司的长期发展。若想激励管理层持续进行技术创新，那么传统的最优契约理论即基于业绩支付薪酬则不能提供合适的激励。基于上述分析，本章提出研究假设1。

假设1：业绩薪酬抑制了企业创新产出。

企业按业绩支付薪酬的程度高，则会激励企业管理层关注短期内能够提升业绩的投资项目。企业研发创新的前期投入是巨大的，短期内难以取得显著的市场回报与补偿，因此，基于业绩支付薪酬制度会严重抑制企业从事风险高的、前期需要大量资金投入的、短期内难以获得收益的研发创新和专利活动。

我们国家现行的专利体系包括发明专利、实用新型专利、外观设计专利。这三种专利体现的是企业创新能力的差异：发明专利体现了企业较强的创新能力，然后是实用新型专利，最后是外观设计专利。由于三种专利体现的创新能力存在差异，所以需要的前期创新研发投入也相差很多。发明专利体现了较高的企业自主创新能力，因此需要的创新研发投入就较多（张杰，2015），实用新型专利需要的创新研发投入居次，外观设计专利需要的创新研发投入相对较少。

企业发明专利和实用新型专利的技术含量相对较高，相对来说，其前期需要投入更多，而且收益高度不确定，因此，企业基于业绩支付薪酬程度越高，则会激励管理层将企业资源投向短期内能够提升业绩的保守型项目。当企业将资源投向保守型项目之后，可以用于进行发明和实用新型创新的资源便会减少，因此业绩薪酬降低了企业发明专利和实用新型专利的申请数量。企业外观设计专利体现的是企业对产品外观设计做出改变的能力，与企业发明专利和实用新型专利体现的创新能力存在差异。与发明专利和实用新型专利体现的自主创新能力相比，外观设计专利体现的自主创新能力相对较弱（张杰，2015）。相对其他两种类型专利，企业外观设计专利所需要的前期投入较低，对管理层投资保守型项目的资源挤出效应较弱，因此，业绩薪酬对企业外观设计专利的影响就较弱。基于上述分析，本章提出假设2。

假设2：业绩薪酬对企业发明专利和实用新型专利的抑制作用更为显著。

我国国有企业高级管理人员与一般的职业经理人相比，还同时兼具"准官员"特征，所以国有企业高级管理层具有强烈的动机追求政治晋升（杨瑞龙等，2013）。国有企业的管理层除了经济型的薪酬激励之外，还存在政治上的晋升激励，政治晋升能够作为国有企业管理层薪酬激励的补充。而且，政治上的晋升激励往往比经济型的短期激励更为重要（李军林等，2011）。政治晋升作为一种隐性激励，其激励效果十分显著，是经济改革开放以来我国经济增长取得伟大成就的关键动因之一。在政治晋升作为更为行之有效的激励因素的背景下，薪酬激励对于国有企业管理层的激励效果，远没有政治晋升激励更为有效，国有企业管理层的决策行为更可能受政治晋升激励的影响。国有企业高级管理人员的任命权掌握在政府手中，导致国有企业管理层为了实现政治上的晋升，会积极配合政府承担政策性任务。国有企业承担较多的政策性任务，导致国有企业业绩指标噪声较高。此外，提高企业创新水平、优化产业结构、促进产业升级、转变经济增长方式，是当前政府工作的要点。企业创新已成为国有企业经理人考核的重要指标，例如国资委在 2003 年颁布的《中央企业负责人经营业绩考核暂行办法》（以下简称《办法》）于 2006 年进行了第一次修订，修订后的《办法》要求分类指标应考虑企业技术创新能力等因素。为了达到考核目标、获取晋升机会，国有企业经理人有动力进行创新。此外，2010 年颁布的《全国专利事业发展战略（2011～2020 年）》明确提出，到 2015 年我国专利年申请量要达到 200 万件，到 2020 年规模以上工业企业专利申请的比例要达到 10%。在中央的专利量化指标要求下，地方政府为了完成专利申请量这一政绩考核指标，会将任务层层下放，国有企业便成为完成政府创新任务的重要主体（周铭山和张倩倩，2016）。因此，即使国有企业管理层业绩薪酬程度较高，但是考虑到创新考核的存在，国有企业管理层仍会进行创新，而不是单一地为了追求货币薪酬奖励而选择回报期较短的保守型项目、放弃创新。而非国有企业，经营目标相对单一，薪酬激励影响着管理层个人财富，管理层对此更为关注。因此，非国有企业管理层的薪酬与业绩关系越紧密，则越会激励管理层偏向投资见效快、风险低的保守型项目，从而尽快提升企业业绩达到个人财富最大化，放弃风险高、收益不确定性、短期内难以带来显著回报的企业创新。因此，本章提出假设 3。

假设 3：业绩薪酬对企业创新产出的抑制作用，对非国有企业更为显著。

三　实证研究设计与结果分析

1. 样本选择与数据来源

本节样本为在上海证交所和深圳证交所进行交易的非金融类 A 股上市公司。本节实证研究中用到了公司治理、公司财务、公司创新数据。本节所使用的数据库主要有国泰安（CSMAR）数据库、Wind 金融资讯数据库。

2. 模型设计与变量定义

为了检验业绩薪酬对企业创新产出的影响，本节建立如下模型（1）进行检验。

$$Inno_i = \alpha_0 + \alpha_1 PPS_i + \alpha_2 Age_i + \alpha_3 Lev_i + \alpha_4 Size_i + \alpha_5 Roa_i +$$
$$\alpha_6 Growth_i + a_7 Hitec_i + \alpha_8 Mshare_i + \alpha_9 Duality_i + \alpha_{10} Lash_i +$$
$$\sum Industry + \sum Year + \varepsilon_i \qquad (1)$$

模型（1）中的变量定义如下。

Inno 代表企业创新产出。企业专利能够代表企业重要的科技水平和科技成果，是企业科技含量最高的知识产权（潘红玉等，2017），能够较好地测度企业的技术创新水平，所以本章借鉴 Wong 等（2005）、李宏彬等（2009）、倪骁然和朱玉杰（2016）研究，以企业专利申请数量来替代企业技术创新产出。

PPS 代表业绩薪酬（Pay for Performance Sensitivity）。衡量企业按业绩支付管理层薪酬程度是本章的关键变量。本节借鉴 Firth

等（2006）、辛清泉等（2007）、王会娟和张然（2012）的薪酬模型，估算出企业高管薪酬，然后用实际的高管薪酬与估算的高管薪酬之差（即回归残差）代表企业按业绩支付管理层薪酬的程度，若回归残差越大，即管理层实际薪酬与业绩的关系不敏感，则代表企业按业绩支付管理层薪酬程度较低，反之，则表示企业按业绩支付管理层薪酬程度较高。

Age 代表企业年龄，等于样本公司所在年份与公司上市年份之差。Lev 为资产负债率，等于公司总负债与总资产的比值。Size 为资产规模，以总资产的自然对数衡量。Roa 为企业业绩，等于净利润与总资产的比值。Growth 为企业成长性，等于营业收入的增长率。Hitec 代表企业是否属于高新技术行业，依据 2002 年国家统计局发布的《高技术产业统计分类目录》，以及 2008 年科技部、财政部、国家税务总局联合颁布的《国家重点支持的高新技术领域》对企业是否属于高新技术行业进行的分类，当企业属于高新技术行业时，取值为 1，否则取值为 0。Mshare 为高管持股比例，等于高管持股数量与企业总股数的比值。Duality 为董事长与总经理两职兼任情况，当两者合一时，取值为 1，否则取值为 0。Lash 为第一大股东持股比例。Industry 为行业变量。Year 为年度变量。变量的具体定义如表 4 - 1 所示。

表 4 - 1　变量及其定义

变量	变量定义
Inno	即企业创新产出，等于企业专利申请数量
Invention	即企业发明创新，等于企业发明专利申请数量
Utilitymodel	即企业实用新型创新，等于企业实用新型专利申请数量
Design	即企业外观设计创新，等于企业外观设计专利申请数量
R&D	即企业创新投入强度，等于企业研发投入与营业收入的比值

续表

变量	变量定义
PPS	即采用实际的高管薪酬与估算的高管薪酬之差（即回归残差）衡量企业基于业绩支付管理层薪酬的程度
Age	即企业年龄，用企业样本所在年份减去上市年份
Lev	即企业资产负债率，等于总负债与总资产的比值
Size	即企业规模，等于总资产的自然对数
Roa	即企业资产收益率，等于净利润与总资产的比值
Growth	即企业成长性，等于营业收入增长率
Hitec	即高新技术企业，当企业属于高新技术企业时，取值为 1，否则取值为 0
Mshare	即管理层持股比例，等于管理层持股份额与企业股份总额的比值
Duality	即董事长与总经理两职兼任情况，当两者合一时，取值为 1，否则取值为 0
Lash	即企业第一大股东持股比例
State	即企业所有权性质，当企业为国有控股时，取值为 1，否则取值为 0
GDP	即地区经济发展水平，等于地区 GDP 的自然对数
Year	即年度哑变量
Industry	即行业哑变量，根据中国证监会发布的《上市公司行业分类指引》对行业进行分类

3. 实证结果与分析

（1）业绩薪酬指标的计算

借鉴 Firth 等（2006）、辛清泉等（2007）、王会娟和张然（2012）的研究，本节设定薪酬模型（2），估算出企业高管薪酬，然后用实际的高管薪酬与估算的高管薪酬之差（即回归残差）代表企业的薪酬业绩敏感性。进而，采用估算得到的薪酬业绩敏感性作为企业基于业绩支付管理层薪酬的程度，对企业创新产出进行回归，以实证考察业绩薪酬对企业创新的影响。

$$Msalary_i = \beta_0 + \beta_1 PEF_i + \beta_2 Size_i + \beta_3 Lev_i + \beta_4 Lash_i + \beta_5 State_i +$$

$$\beta_6 Lngdp_i + \sum Industry + \sum Year + \varepsilon_i \qquad (2)$$

Msalary 为 "金额最高的前三名高级管理人员的报酬总额" 的自然对数。*PEF* 为公司业绩变量，本节使用会计业绩 *Roe* 代表公司业绩，等于净利润与净资产的比值。*Size* 为公司规模，用总资产的自然对数衡量。*Lev* 为公司的资产负债比例，等于企业总负债与总资产的比值。*Lash* 为公司股权集中度，等于第一大股东持股比例。*State* 为企业所有权性质，当企业为政府控股时取值为 1，当非政府控股时取值为 0。*GDP* 为地区经济发展水平，等于地区国内生产总值的自然对数。*Industry* 为行业效应。*Year* 年度效应。

本节以 2007 ~ 2015 年非金融类 A 股上市公司为样本，对上述模型（2）进行回归，以得到高管预期薪酬的回归结果，如表4 - 2所示。用对模型（2）估计的回归系数乘以影响管理层薪酬的变量，进而得到每家企业每年预期的正常管理层薪酬水平。然后用实际的高管薪酬与估算的高管薪酬之差（即回归残差）代表企业的薪酬业绩敏感性，即按业绩支付薪酬的程度。当以回归残差替代的薪酬业绩敏感性越大时，意味着高管的薪酬与业绩越不敏感，即基于业绩支付薪酬的程度越弱。

表 4 - 2 高管预期薪酬的回归结果

变量	系数	标准误	t - value	P - value
Roe	0.0173	0.0006	28.50	0.000
Size	0.2855	0.0064	44.42	0.000
Lev	-0.3886	0.0361	-10.77	0.000
Lash	-0.0039	0.0004	-9.57	0.000
State	0.0283	0.0138	2.05	0.040

0

续表

变量	系数	标准误	t – value	P – value
Lngdp	0.2849	0.0143	19.88	0.000
Constant	5.3072	0.2382	22.28	0.000
Year	Yes			
Industry	Yes			
Number of obs	9442			
F	173.42			
Prob > F	0.0000			
Adj. R^2	0.3831			

（2）描述性统计分析

表 4 – 3 报告了模型中变量的基本统计分析结果。本节采用了 winsorize 处理方法，对模型中连续变量在 1% 水平上进行了缩尾处理，以控制极端值的影响。从表 4 – 3 可见，样本企业专利申请总数的均值为 32.203 件，但企业间差异较大，最大值为 573，最小值为 1。样本企业发明专利申请数的均值为 12.4571，实用新型专利申请数的均值为 14.1821，外观设计专利申请数的均值为 4.4725。样本企业平均年龄为 6.667 年，资产负债率的均值为 0.4017，用总资产自然对数衡量的企业规模均值为 21.7906，资产回报率的均值为 5.1813%，企业成长性的均值为 0.1648，高管持股比例的均值为 0.0866，第一大股东持股比例的均值为 0.3598。

表 4 – 3 变量的描述性统计分析

变量	均值	中位数	标准差	最小值	最大值
Totalpatent（件）	32.2030	10	76.7440	1	573
Invention	12.4571	4	30.7979	0	229
Utilitymodel	14.1821	4	36.1951	0	266

续表

变量	均值	中位数	标准差	最小值	最大值
Design	4.4725	0	15.1307	0	108
PPS	0	0.0033	0.5378	−1.7188	2.3661
Age（年）	6.6670	5	5.5535	0	20
Lev	0.4017	0.3941	0.2059	0.04	0.8582
Size	21.7906	21.5805	1.1938	19.8591	25.7804
Roa（%）	5.1813	4.6833	5.5684	−12.604	22.7031
Growth	0.1648	0.1253	0.2976	−0.4122	1.5122
Hitec	0.5575	1	0.4967	0	1
Mshare	0.0866	0.0021	0.153	9	0.6329
Duality	0.2716	0	0.4448	0	1
Lash	0.3598	0.3453	0.1451	9	0.743

表4-4报告了检验模型中主要变量的 Pearson 相关分析结果。从表4-4中可以看出，企业专利申请总数、企业发明专利申请数、企业实用新型专利申请数、企业外观设计专利申请数与业绩薪酬指标显著正相关，因为业绩薪酬指标数值越大，代表薪酬业绩敏感性越弱，企业按业绩支付薪酬程度较低，这初步表明业绩薪酬不利于激励企业创新产出。

（3）业绩薪酬与企业创新产出的回归结果分析

表4-5报告了业绩薪酬与企业创新产出的回归结果。鉴于专利数据的特征，本节采用了负的二项（Negative binomial）回归方法。如表4-5的第（1）列所示，企业按业绩支付薪酬与企业创新产出的回归系数显著为正，因为按业绩支付薪酬的数值越大代表薪酬业绩敏感性越弱，企业按业绩支付薪酬程度较低，因此，回归系数显著为正说明按业绩支付薪酬程度越高，企业管理层薪酬对企业业绩越敏感，则不利于激励管理层选择收益高度不确定性的创新项目。这支持了本节的研究假设1。

表 4 - 4　主要变量的 Pearson 相关系数

变量	Totalpatent	Invention	Utilitymodel	Design	PPS	Age	Lev	Size	Roa	Growth	Hitec	Mshare	Duality	Lash
Totalpatent	1													
Invention	0.8925 (0.0000)	1												
Utility-model	0.9241 (0.0000)	0.7641 (0.0000)	1											
Design	0.6158 (0.0000)	0.3856 (0.0000)	0.4633 (0.0000)	1										
PPS	0.0449 (0.0000)	0.0501 (0.0000)	0.0322 (0.0018)	0.0484 (0.0000)	1									
Age	0.1301 (0.0000)	0.1296 (0.0000)	0.1148 (0.0000)	0.0741 (0.0000)	-0.0138 (0.1784)	1								
Lev	0.1462 (0.0000)	0.1361 (0.0000)	0.1590 (0.0000)	0.0590 (0.0000)	-0.0000 (1.0000)	0.4662 (0.0000)	1							
Size	0.4159 (0.0000)	0.4074 (0.0000)	0.4107 (0.0000)	0.1748 (0.0000)	-0.0000 (1.0000)	0.4373 (0.0000)	0.5318 (0.0000)	1						
Roa	0.0354 (0.0006)	0.0304 (0.0031)	0.0149 (0.1484)	0.0806 (0.0000)	0.0418 (0.0000)	-0.2606 (0.0000)	-0.4257 (0.0000)	-0.0758 (0.0000)	1					

续表

变量	Totalpatent	Invention	Utilitymodel	Design	PPS	Age	Lev	Size	Roa	Growth	Hitec	Mshare	Duality	Lash
Growth	-0.0040 (0.6984)	0.0042 (0.6811)	-0.0098 (0.3444)	0.0006 (0.9490)	-0.0264 (0.0106)	-0.1320 (0.0000)	0.0041 (0.6877)	0.0078 (0.4484)	0.3252 (0.0000)	1				
Hitec	0.0838 (0.0000)	0.0825 (0.0000)	0.0919 (0.0000)	0.0511 (0.0000)	-0.0000 (1.0000)	-0.0802 (0.0000)	-0.1756 (0.0000)	-0.2029 (0.0000)	0.0909 (0.0000)	0.0458 (0.0000)	1			
Mshare	-0.0607 (0.0000)	-0.0578 (0.0000)	-0.0681 (0.0000)	-0.0095 (0.3657)	-0.0134 (0.2022)	-0.4298 (0.0000)	-0.3361 (0.0000)	-0.3074 (0.0000)	0.1704 (0.0000)	0.0864 (0.0000)	0.0905 (0.0000)	1		
Duality	-0.0065 (0.5287)	-0.0124 (0.2299)	-0.0174 (0.0916)	0.0477 (0.0000)	0.0544 (0.0000)	-0.2461 (0.0000)	-0.1944 (0.0000)	-0.1840 (0.0000)	0.0931 (0.0000)	0.0411 (0.0001)	0.0679 (0.0000)	0.5032 (0.0000)	1	
Lash	0.1003 (0.0000)	0.0788 (0.0000)	0.1107 (0.0000)	0.0283 (0.0060)	0.0000 (1.0000)	-0.0550 (0.0000)	0.0635 (0.0000)	0.2115 (0.0000)	0.0672 (0.0000)	0.0055 (0.5922)	-0.1090 (0.0000)	-0.0650 (0.0000)	-0.0182 (0.0774)	1

注：表中数据为变量间的相关系数，括号内的数值为显著性水平。

此外，企业年龄与企业创新产出的回归系数为负，但不显著。企业规模与企业创新产出的回归系数显著为正，说明大企业更有资源进行创新。企业业绩与创新产出显著正相关，说明创新需要企业内部资源作为基础。董事长与总经理两职合一与企业创新产出显著正相关，说明两职合一有助于提高决策效率。以第一大股东持股比例衡量的股权集中度与企业创新产出的回归系数显著为正，这说明大股东股权集中度越高，大股东越会追求企业长期发展，进行创新。本节也控制了行业和年份效应，为简洁起见，表4-5中没有对行业和年份变量的回归结果进行详细报告。

表4-5　业绩薪酬与企业创新产出的回归结果

变量	（1）	（2）	（3）	（4）
PPS	0.1680 ***	0.2541 ***	0.1301 ***	0.0299
	（7.44）	（9.99）	（4.38）	（0.47）
Age	-0.0039	-0.0073 **	-0.0180 ***	0.0028
	（-1.38）	（-2.25）	（-4.95）	（0.36）
Lev	-0.0841	-0.1157	0.1936 *	0.6588 ***
	（-1.01）	（-1.24）	（1.73）	（2.70）
Size	0.6155 ***	0.6701 ***	0.6302 ***	0.4178 ***
	（46.03）	（44.31）	（35.61）	（11.47）
Roa	0.0270 ***	0.0236 ***	0.0192 ***	0.0527 ***
	（10.16）	（7.80）	（5.41）	（7.32）
Growth	-0.2065 ***	-0.0930 *	-0.1837 ***	-0.4994 ***
	（-4.66）	（-1.82）	（-3.21）	（-4.03）
Hitec	1.4143 ***	1.3276 ***	2.0325 ***	0.6186
	（5.12）	（4.09）	（5.33）	（0.83）
Mshare	0.2702 ***	0.2645 **	0.1379	-0.0069
	（2.88）	（2.44）	（1.11）	（-0.03）

续表

变量	（1）	（2）	（3）	（4）
Duality	0.1621 ***	0.1463 ***	0.0882 **	0.5898 ***
	（5.44）	（4.27）	（2.27）	（6.89）
Lash	0.0016 *	−0.0008	0.0031 ***	0.0011
	（1.83）	（−0.87）	（2.82）	（0.42）
Constant	−11.6070 ***	−13.4437 ***	−13.3172 ***	−9.3893 ***
	（−30.94）	（−31.03）	（−26.19）	（−9.29）
Year	Yes	Yes	Yes	Yes
Industry	Yes	Yes	Yes	Yes
Number of obs	9026	9026	9026	9026
LR chi²	5119.25	4433.96	4146.95	787.69
Prob > chi²	0.0000	0.0000	0.0000	0.0000
Pseudo R²	0.0649	0.0729	0.0692	0.0261

注：回归因变量为企业专利申请数量；表中数据为回归系数，括号内的数值为 z 值；*** 、** 、* 分别表示1%、5%和10%的显著性水平。

表4-5的第（2）列和第（3）列报告了业绩薪酬对企业发明专利申请和实用新型专利申请数量的影响，结果显示，两者的回归系数显著为正，这说明企业基于业绩支付薪酬抑制了企业的发明和实用新型创新。表4-5的第（4）列报告了业绩薪酬对企业外观设计专利申请数量的影响。在控制了相关变量之后，基于业绩支付薪酬对企业外观设计专利的回归系数不显著。这可能是因为企业外观设计专利因其体现的自主创新能力相对较低，所以需要的研发创新投入也相对较低。而且，外观设计的改进和创新，会在短期内产生收益，所以管理层在面临业绩考核压力之下，不会排斥产品外观设计的改进和创新。综合来看，业绩薪酬对企业外观设计专利的影响是不明显的。这支持了本节的研究假设2。

（4）业绩薪酬与企业创新产出：国企与非国企的对比

表4-6报告了所有权性质对业绩薪酬与企业创新产出回归

结果的影响。从中可见，所有权性质与业绩薪酬的交乘项系数显著为负，这说明业绩薪酬对企业创新产出的抑制作用，对非国有企业来说更为显著，表明非国有企业管理层的薪酬越依赖业绩，则越会激励管理层选择风险较低、对短期业绩有利的保守型项目，而放弃风险高、收益高度不确定的创新项目。这支持了本节的研究假设3。

表4-6　所有权性质、业绩薪酬与企业创新产出的回归结果

变量	(1)	(2)
PPS	0.1679 ***	0.2058 ***
	(7.43)	(7.39)
State	-0.0448	-0.0393
	(-1.40)	(-1.23)
PPS * State		-0.1117 **
		(-2.33)
Age	-0.0022	-0.0028
	(-0.70)	(-0.90)
Lev	-0.0816	-0.0756
	(-0.98)	(-0.90)
Size	0.6168 ***	0.6152 ***
	(46.05)	(45.80)
Roa	0.0268 ***	0.0268 ***
	(10.04)	(10.06)
Growth	-0.2064 ***	-0.2046 ***
	(-4.66)	(-4.62)
Hitec	0.2952	0.2881
	(1.06)	(1.04)
Mshare	0.2557 ***	0.2545 ***
	(2.71)	(2.70)
Duality	0.1579 ***	0.1560 ***
	(5.27)	(5.21)

续表

变量	（1）	（2）
Lash	0.0018 ** （2.03）	0.0017 * （1.93）
Constant	－11.6302 *** （－30.98）	－11.5852 *** （－30.80）
Year	Yes	Yes
Industry	Yes	Yes
Number of obs	9026	9026
LR chi²	5121.22	5126.66
Prob > chi²	0.0000	0.0000
Pseudo R²	0.0649	0.0650

注：回归因变量为企业专利申请数量；表中数据为回归系数，括号内的数值为 z 值；*** 、** 、* 分别表示 1%、5% 和 10% 的显著性水平。

表 4 - 7 报告了所有权性质对业绩薪酬与不同类型创新关系的影响。从中可见，与实用新型专利和外观设计专利申请相比，所有权性质与业绩薪酬的交乘项系数对发明专利的影响显著为负，这说明与国有企业相比，非国有企业中业绩薪酬对企业创新的抑制作用，主要表现在技术含量相对较高、投入较大、风险和不确定性更高的发明型创新。这进一步支持了前文的发现，即业绩薪酬主要抑制了高风险、高投入的发明型创新。

表 4 - 7　所有权性质、业绩薪酬与不同类型创新的回归结果

变量	发明专利申请	实用新型专利申请	外观设计专利申请
PPS	0.3090 *** （9.80）	0.1423 *** （3.92）	0.0320 （0.41）
State	0.1952 *** （5.35）	－0.0404 （－0.95）	－0.3159 *** （－3.37）
PPS * State	－0.1612 *** （－3.00）	－0.0378 （－0.59）	0.0072 （0.05）

续表

变量	发明专利申请	实用新型专利申请	外观设计专利申请
Age	− 0. 0158 ***	− 0. 0166 ***	0. 0153 *
	(− 4. 42)	(− 4. 12)	(1. 75)
Lev	− 0. 1192	0. 1971 *	0. 6838 ***
	(− 1. 28)	(1. 76)	(2. 80)
Size	0. 6642 ***	0. 6308 ***	0. 4229 ***
	(43. 69)	(35. 43)	(11. 65)
Roa	0. 0249 ***	0. 0190 ***	0. 0527 ***
	(8. 23)	(5. 33)	(7. 29)
Growth	− 0. 0888 *	− 0. 1833 ***	− 0. 4931 ***
	(− 1. 74)	(− 3. 20)	(− 3. 99)
Hitec	0. 6831 **	− 0. 1494	− 0. 0333
	(2. 10)	(− 0. 39)	(− 0. 04)
Mshare	0. 3279 ***	0. 1233	− 0. 0579
	(3. 00)	(0. 99)	(− 0. 23)
Duality	0. 1614 ***	0. 0843 **	0. 5548 ***
	(4. 71)	(2. 16)	(6. 41)
Lash	− 0. 0018 *	0. 0033 ***	0. 0019
	(− 1. 87)	(2. 93)	(0. 74)
Constant	− 13. 3199 ***	− 13. 3214 ***	− 9. 4367 ***
	(− 30. 69)	(− 26. 12)	(− 9. 35)
Year	Yes	Yes	Yes
Industry	Yes	Yes	Yes
Number of obs	9026	9026	9026
LR chi^2	4468. 97	4148. 30	799. 05
Prob > chi^2	0. 0000	0. 0000	0. 0000
Pseudo R^2	0. 0734	0. 0692	0. 0265

注：回归因变量为企业专利申请数量；表中数据为回归系数，括号内的数值为 z 值；*** 、 ** 、 * 分别表示 1%、5% 和 10% 的显著性水平。

4. 稳健性检验

（1）业绩薪酬与企业创新产出的回归结果：基于不同管理层的薪酬指标

如表 4 − 8 所示，本节替换了管理层薪酬度量方法，用"董事、

表 4-8 基于不同的管理层薪酬指标计算的业绩薪酬与企业创新产出的回归结果

变量	基于董事、监事及高管年薪总额的回归分析				基于董事、监事及高管前三名薪酬总额的回归分析			
	专利申请总数	发明专利申请	实用新型专利申请	外观设计专利申请	专利申请总数	发明专利申请	实用新型专利申请	外观设计专利申请
PPS	0.1888*** (8.64)	0.2550*** (10.47)	0.1465*** (5.08)	0.0709 (1.08)	0.1644*** (7.20)	0.2260*** (8.80)	0.1278*** (4.26)	0.0884 (1.35)
Age	-0.0023 (-0.80)	-0.0053 (-1.62)	-0.0167*** (-4.57)	0.0036 (0.46)	-0.0034 (-1.19)	-0.0068** (-2.08)	-0.0175*** (-4.79)	0.0030 (0.38)
Lev	-0.0795 (-0.95)	-0.1203 (-1.29)	0.1994* (1.79)	0.6639*** (2.72)	-0.0748 (-0.89)	-0.0992 (-1.06)	0.1999* (1.79)	0.6624*** (2.72)
Size	0.6128*** (45.81)	0.6683*** (44.16)	0.6282*** (35.47)	0.4137*** (11.30)	0.6152*** (45.90)	0.6694*** (44.09)	0.6303*** (35.53)	0.4164*** (11.43)
Roa	0.0273*** (10.29)	0.0239*** (7.91)	0.0193*** (5.45)	0.0531*** (7.36)	0.0271*** (10.22)	0.0236*** (7.83)	0.0193*** (5.44)	0.0527*** (7.31)
Growth	-0.2061*** (-4.67)	-0.0914* (-1.79)	-0.1817*** (-3.18)	-0.4992*** (-4.03)	-0.2073*** (-4.68)	-0.0974* (-1.91)	-0.1845*** (-3.22)	-0.4946*** (-4.00)
Hitec	1.4069*** (5.10)	1.3544*** (4.20)	2.0266*** (5.33)	0.6020 (0.81)	0.3168 (1.14)	0.6461** (1.99)	-0.1287 (-0.34)	0.0665 (0.09)

续表

变量	基于董事、监事及高管年薪总额的回归分析				基于董事、监事及高管前三名薪酬总额的回归分析			
	专利申请总数	发明专利申请	实用新型申请	外观设计专利申请	专利申请总数	发明专利申请	实用新型申请	外观设计专利申请
Mshare	0.2650*** (2.83)	0.2472** (2.28)	0.1375 (1.11)	-0.0051 (-0.02)	0.2932*** (3.12)	0.2888*** (2.66)	0.1556 (1.25)	0.0130 (0.05)
Duality	0.1890*** (6.39)	0.1852*** (5.44)	0.1136*** (2.94)	0.5977*** (7.00)	0.1777*** (6.00)	0.1684*** (4.94)	0.1010*** (2.61)	0.5926*** (6.94)
Lash	0.0015* (1.68)	-0.0011 (-1.20)	0.0031*** (2.78)	0.0009 (0.36)	0.0014* (1.66)	-0.0011 (-1.12)	0.0030*** (2.72)	0.0010 (0.37)
Constant	-11.5654*** (-30.85)	-13.4471*** (-31.11)	-13.2929*** (-26.17)	-9.2960*** (-9.17)	-11.6159*** (-30.92)	-13.4454*** (-30.96)	-13.3332*** (-26.19)	-9.3629*** (-9.28)
Year	Yes	Yes	Yes	Yes	Yes	Yes	Yes	Yes
Industry	Yes	Yes	Yes	Yes	Yes	Yes	Yes	Yes
Number of obs	9033	9033	9033	9033	9031	9031	9031	9031
LR chi²	5148.64	4454.71	4162.92	789.18	5092.79	4384.72	4146.08	790.24
Prob > chi²	0.0000	0.0000	0.0000	0.0000	0.0000	0.0000	0.0000	0.0000
Pseudo R²	0.0652	0.0731	0.0694	0.0262	0.0645	0.0721	0.0691	0.0262

注：表中数据为回归系数，括号内的数值为 z 值；***、**、* 分别表示 1%、5% 和 10% 的显著性水平。

监事及高管年薪总额"和"董事、监事及高管前三名薪酬总额"
分别替换管理层薪酬，重新计算了业绩薪酬指标，对之前的实证
结果进行稳健性检验。表 4 - 8 报告了稳健性检验结果，基于
"董事、监事及高管年薪总额"和"董事、监事及高管前三名薪
酬总额"计算的业绩薪酬指标与企业创新产出的回归系数显著为
正，这与预期相符。业绩薪酬指标数值越大代表高管薪酬与企业
业绩联系越不紧密，表明业绩薪酬抑制了企业创新产出，支持了
前文的发现，这说明本节之前的实证结果是稳健的。

（2）业绩薪酬与企业创新投入的关系检验

本节也采用企业研发投入强度作为企业创新投入的替代变量
进行稳健性检验。表 4 - 9 报告了业绩薪酬与企业创新投入的回
归结果。如表 4 - 9 所示，业绩薪酬与企业研发投入强度的回归
系数显著为正，这表明管理层的薪酬如果是基于业绩支付的，那
么这将不利于企业创新投入，与预期相符。这一结果说明当企业
管理层的薪酬与企业业绩关系越紧密，则会激发管理层为了获
取薪酬而偏爱那些短期内会带来业绩提升的投资项目，因为企
业研发投入是高风险、收益高度不确定的项目，短期内难以带
来会计业绩的提升，因此，业绩薪酬不利于激励管理层进行研
发投入。

表 4 - 9　业绩薪酬与企业创新投入的回归结果

因变量	系数	标准误	t - value	P - value
PPS	0.7658	0.0679	11.27	0.000
Age	− 0.0673	0.0077	− 8.79	0.000
Lev	− 5.1632	0.2544	− 20.29	0.000
Size	0.0195	0.0432	0.45	0.651
Roa	− 0.0471	0.0081	− 5.79	0.000

续表

因变量	系数	标准误	t - value	P - value
Growth	- 0. 3783	0. 1157	- 3. 27	0. 000
Hitec	0. 4252	0. 5239	0. 81	0. 417
Mshare	1. 0515	0. 2830	3. 72	0. 000
Duality	- 0. 0603	0. 0913	- 0. 66	0. 509
Lash	- 0. 0245	0. 0026	- 9. 42	0. 000
Constant	6. 9904	1. 0089	6. 93	0. 000
Year	Yes			
Industry	Yes			
Number of obs	8887			
F	145. 08			
Prob > F	0. 0000			
Adj. R^2	0. 3750			

（3）稳健性检验：内生性问题的控制

企业创新产出和企业薪酬支付之间可能会存在一定的内生性问题，即企业当前的创新战略可能会影响企业薪酬契约的制定。因此，为了控制企业创新产出和薪酬支付之间可能存在的内生性问题，本节将解释变量滞后一期，以期控制内生性问题对回归结果的影响。如表4－10所示，滞后一期的业绩薪酬变量与企业创新产出之间存在显著的正相关关系，这表明业绩薪酬显著地抑制了企业创新产出。而且，这种抑制作用对发明专利和实用新型专利的影响更为突出。这与前文的研究结论基本一致，说明本节的结论是稳健的。

表4－10　控制内生性之后的业绩薪酬与企业创新产出的回归结果

变量	专利申请 总数	发明专利 申请	实用新型 专利申请	外观设计 专利申请
PPS	0. 1702 ***	0. 2824 ***	0. 1472 ***	- 0. 0626
	(6. 82)	(9. 90)	(4. 47)	(- 0. 89)

续表

变量	专利申请总数	发明专利申请	实用新型专利申请	外观设计专利申请
Age	-0.0026	-0.0075 **	-0.0136 ***	0.0023
	(-0.80)	(-2.03)	(-3.32)	(0.25)
Lev	-0.0370	0.0567	0.2045 *	0.5700 **
	(-0.40)	(0.55)	(1.65)	(1.99)
Size	0.6151 ***	0.6598 ***	0.6293 ***	0.4399 ***
	(41.46)	(39.46)	(32.32)	(10.72)
Roa	0.0294 ***	0.0293 ***	0.0201 ***	0.0490 ***
	(9.74)	(8.53)	(5.03)	(5.95)
Growth	0.0489	0.0613	0.0830	-0.2055
	(0.94)	(1.04)	(1.25)	(-1.37)
Hitec	0.3227	0.6203 *	-0.0127	0.3723
	(1.07)	(1.75)	(-0.03)	(0.45)
Mshare	0.1884 *	0.2153 *	0.1862	-0.3677
	(1.79)	(1.79)	(1.34)	(-1.26)
Duality	0.1531 ***	0.1089 ***	0.0754 *	0.6199 ***
	(4.59)	(2.86)	(1.75)	(6.28)
Lash	0.0016 *	-0.0008	0.0033 ***	0.0012
	(1.69)	(-0.78)	(2.65)	(0.39)
Constant	-11.6087 ***	-13.2414 ***	-13.2854 ***	-10.1117 ***
	(-28.14)	(-27.98)	(-24.03)	(-8.94)
Year	Yes	Yes	Yes	Yes
Industry	Yes	Yes	Yes	Yes
Number of obs	7291	7291	7291	7291
LR chi^2	4239.96	3656.07	3403.30	630.53
Prob > chi^2	0.0000	0.0000	0.0000	0.0000
Pseudo R^2	0.0652	0.0721	0.0683	0.0257

注：表中数据为回归系数，括号内的数值为 z 值；*** 、 ** 、 * 分别表示 1% 、5% 和 10% 的显著性水平。

5. 本节小结

管理层决定着企业创新战略的制定与实施，需要应对创新过程中的各种不确定情况，其工作性质多属于决策性质，监督难度较大，财务业绩很难反映其努力水平。已有经验研究和案例研究发现，企业技术创新通常具有较高的失败率，预期收益充满着高度不确定性，特别是我国现行会计准则要求企业研究阶段的投入费用化处理，这会对企业当期会计业绩产生不利影响，导致传统的最优契约理论即基于业绩支付的薪酬激励方案不能激励创新，甚至对创新有负面作用。相应地，系统研究企业管理层薪酬激励安排、促进企业技术创新显得十分必要。本节结合我国高管薪酬激励制度背景和企业技术创新现状，参考国外相关研究成果，理论分析和实证检验了业绩薪酬对企业创新产出的影响。实证研究发现，基于业绩支付管理层薪酬，则管理层薪酬对业绩越敏感，越不利于企业创新产出。

第三节

薪酬差距与企业创新研究

一 薪酬差距与企业创新研究背景

我国目前正在实施创新驱动发展战略、大力激励企业创新。已有研究考察了薪酬激励对管理层创新激励的影响（Lin 等，2011；李春涛和宋敏，2010）。薪酬激励机制除了薪酬水平之外，薪酬差距也是薪酬激励机制的一个重要方面，薪酬差距因其能够对组织内成员的动机产生重要影响，因此已成为组织人力资本管理的重要问题之一（Gerhart 和 Rynes，2003）。而已有研究没有深入考察企业内部管理层与员工之间的相对薪酬差距对企业创新的影响，以及员工的薪酬水平与企业内部薪酬差距的相互作用。

关于企业内部管理层与员工之间薪酬差距的影响，主要有锦标赛理论和公平理论两种观点。锦标赛理论认为，适当拉大薪酬差距可以降低团队生产的监控成本，因此，薪酬差距的加大可以提升企业绩效（Rosen，1986）。公平理论认为，薪酬差距能够增加员工的不公平感，降低组织的凝聚力和员工的满意度，对企业绩效产生负面作用（Cowherd 和 Levine，1992）。国内也有一些学者就我国企业内部的管理层与员工之间的薪酬差距的经济后果问题进行了一些研究（黎文靖和胡玉明，2012；赵睿，2012；刘春和孙亮，2010；张正堂，2008），但是这些研究并未就薪酬差距的影响得到一致的结论。本节从企业创新投入角度，理论分析和实证检验企业内部管理层与员工之间的薪酬差距与企业创新投入之间的关系，进而探讨企业内部管理层与员工之间的薪酬差距的有效性问题。

二 薪酬差距与企业创新投入的理论分析与假设提出

1. 薪酬差距文献回顾

张正堂（2008）研究了高层管理团队内部薪酬差距、高管团队 – 员工的薪酬差距对组织未来绩效的影响，结果发现，高层管理团队内部薪酬差距对企业绩效（Roa）具有负向影响，但技术复杂性、企业人数能够减轻高层管理团队内部薪酬差距对 Roa 的负向作用。高管团队 – 员工的薪酬差距对 Roa 影响不显著，但技术复杂性、企业人数与高管团队 – 员工的薪酬差距的交互作用能够提高 Roa。此外，当企业产权性质为国有控股时，高管团队 –

员工的薪酬差距对企业绩效具有负向影响。刘春和孙亮（2010）考察了国有企业管理层与员工之间的薪酬差距对企业绩效的影响，研究发现，国有企业管理层与员工之间薪酬差距对企业绩效具有正向影响。黎文靖和胡玉明（2012）基于我国制造业国有上市企业数据，研究了国企高管和员工内部薪酬差距对高管和员工的不同激励效应，结果发现，国企内部薪酬差距与企业业绩正相关。步丹璐和白晓丹（2013）考察了员工薪酬和薪酬差距对员工离职率的影响，以及产权性质对上述关系的影响，结果发现，员工薪酬越高、员工与高管薪酬差距越低时，员工离职率越低，这一关系在非国有企业中更为明显。黎文靖等（2014）研究了高管外部薪酬差距对企业业绩的影响及作用机理，结果发现，非国有企业高管外部薪酬差距与企业业绩正相关，国有企业高管外部薪酬差距与企业业绩关系不显著。此外，外部薪酬差距对非国有企业高管的激励作用仅存在于高管薪酬高于行业平均薪酬的企业中。杨婵等（2017）研究了垂直薪酬差距对新创企业创新精神的影响，结果发现，垂直薪酬差距与新创企业创新精神之间呈现倒U形关系。董事会治理和外部环境包容性影响了中层－基层薪酬差距对新创企业创新精神的作用。刘思彤等（2018）考察了高管团队内部薪酬差距对企业风险承担的影响，研究发现，当CEO和关键高管薪酬高于团队其他成员时，CEO倾向规避风险。管理层能力能够改善高管内部薪酬差距对企业风险承担的负向作用。徐高彦等（2018）研究了企业内部薪酬差距、资产紧缩策略与危机企业反转的关系，结果发现，在危机情景中，薪酬差距对企业反转具有负向作用，资产紧缩策略对反转具有正向作用，薪酬差距会降低资产紧缩策略与企业反转之间的正向关系。杨薇和孔东民（2019）研究了企业内部薪酬差距对人力资本结构的影响为：结果发现，薪酬差距降低了大学学历员工比例，提高了高中及以下学历员工比例。此外，在薪酬差距水平较高时，薪酬差距增加会吸引高学历员工，在薪酬差距水平较低时，薪酬差距增加会提高高中及以下学历员工比例、降低大学学历员工比例。进一步研究发现，薪酬差距对人力资本结构的影响为：对规模大、管理层平均年龄较低的企业更为明显。梁上坤等（2019）研究了企业生命周期对内部薪酬差距和公司价值关系的影响，结果发现，企业内部薪酬差距能够增加企业价值。此外，企业内部薪酬差距对企业价值的促进作用随着生命周期在逐步递减，在成长期最强，在衰退期最弱。杨薇等（2019）考察了企业内部薪酬差距对盈余管理的影响及作用机制，研究发现，企业内部薪酬差距显著降低了盈余管理水平。外部监督机制和管理层薪酬机制是薪酬差距抑制盈余管理水平的重要机制，薪酬差距吸引了外部信息中介的关注，强化了外部监督，进而降低盈余管理水平，管理层相对员工的较高薪酬降低了管理层盈余管理动机，从而降低盈余管理水平。

2. 薪酬差距影响企业创新投入的理论分析

正如 Holmstrom（1989）提出的，企业创新的失败率较高，创新收益是高度不确定的，而且短期内难以实现回报，企业创新的这些特征可能导致企业不愿进行创新。因此，激励和培育创新仍然是大多数企业的挑战。创新高度依赖企业的人力资本和员工的价值观。为了充分调动管理层和员工的创新积极性，企业需要建立有效的激励机制以激励管理层和员工为创新努力。市场中的企业是一个人力资本与非人力资本的特别合约（周其仁，1996）。人力资本是财富创造和经济发展中的重要因素，对企业而言，人力资本不仅包括高管层，也包括员工。管理层和员工直接影响企业价值最大化目标的实现程度（陈冬华等，2010）。企业创新需要管理层和员工的共同努力，企业内部管理层与员工之间的薪酬差距既会影响管理层的工作态度，也会影响员工的积极性。

（1）企业内部管理层与员工之间薪酬差距和企业创新投入

对于管理层来说，薪酬差距的拉大有利于激励和保留具有较高人力资本的管理层。企业管理层一般有着较高的人力资本。市场经济时代，企业家才能是企业非常关键的资源。所谓"企业家才能"，是指企业家应对市场的不确定性，以及决定企业做什么和怎么做的能力，它是企业家的人力资本在企业中的应用。企业中不同的人力资本，在企业中发挥的作用不同，而且会因相对稀缺性的不同而市价迥异（周其仁，1996）。同时，管理层决定着企业创新战略的实施，需要应对各种不确定性的情况。特别是对创新企业的管理层来说，其创新决策更具有不确定性、面临着更高的风险，相应地，他们应获得比普通员工更高的薪酬。

锦标赛理论强调薪酬差距的激励效应。锦标赛是相对业绩评价的一种方式。在锦标赛中，每位竞争者所能够获得的奖励不仅仅取决于其自身的表现，更依赖于其在所有竞争对手中的业绩排名。锦标赛理论认为拉大薪酬差距能够激励员工，提高员工的工作效率，从而提升企业绩效（Lazear 和 Rosen，1981）。除了激励效应之外，学者认为较大的薪酬差距通过保留高质量员工、鼓励低质量员工退出，进而能够改进企业人力资源的质量（Gerhart 和 Rynes，2003），适当拉大薪酬差距可以降低团队生产的监控成本（Rosen，1986）。薪酬差距的拉大，使得管理层获得了相对员工更高的薪酬和职位，这会激励高管努力工作以取得更高的个人绩效，进而获得相应的较高的薪酬、晋升和职位的稳定性。

对于员工而言，大的薪酬差距意味着更高的奖金，能够激励员工为了获得更高的工资而努力，进而提高企业绩效（Lazear 和 Rosen，1981）。与一般的生产活动相比，创新是知识密集型的活动，需要员工发挥其专业才能进行研究开发。薪酬差距的拉大，意味着在创新中表现优秀的员工能够获得更高的薪酬和晋升奖励，这会激励员工努力进行创新。

但是，当管理层与普通员工之间的薪酬差距过大时，则会增加员工的不公平感，对员工产生负面影响，这将给企业带来不利的影响。公平理论是研究薪酬差距负效应的主要理论基础（Bloom，1999；Pfeffer 和 Langton，1993）。这一理论认为个人会将其工资跟组织内其他人相比较。对员工的薪酬激励效果，取决于员工将自己的薪酬与参照对象的报酬收入进行比较之后形成的公平感（Adams，1965）。那些基于比较认为他们的工资是不公平的员工可能会消极对应，例如降低努力程度或者退出。

对创新企业来说，较高的人员更替给企业团队带来了持续性的人员变化，这使得很难维持员工之间已达成的共识和价值观，进而抑制嵌入企业内部员工网络内的知识发展（Dess 和 Shaw，2001），这对企业创新来说非常不利。薪酬差距较大的企业，可以通过支付较高的薪酬来吸引优秀的研发人员加入企业，获得优秀研发人员带来的新的创意，也就是说，雇佣新的具备高质量的人力资本可以抵消人员更替带来的人力资本流失，但是人员更替也会损害员工间已建立的信任和网络（Dess 和 Shaw，2001）。较大的薪酬差距对员工网络内的知识发展和企业知识管理系统都有着消极的影响（Yanadori 和 Cui，2013），这都不利于企业进行创新。

而且，在锦标赛中，如果员工期望获得更高薪酬和职位，那么就需要他业绩更好。特别地，当组织内的薪酬差距过大时，员工为了获得高额薪酬奖励，维持个人的竞争优势，可能就会不愿与企业内其他员工共享创新知识和经验、不与同事们合作（Pfeffer 和 Langton，1993）。这对创新来说非常不利，因为新的创意的形成需要员工之间的相互交流与相互合作（Collins 和 Smith，2006）。

此外，测度企业研发创新人员的个人贡献是非常困难的，企业可能通过关注特定员工获得的专利数量来进行考核。但是，依靠这种产出指标来考核研发创新员工是不合适和容易受到误导的，一方面是因为只有部分的研发项目能够形成专利，另一方面即使员工已经非常努力，但研发项目最后能否取得成功通常依赖许多员工不能控制的因素（Ahuja 等，2008），这将导致已经付出相当努力的员工由于没有形成创新成果而被支付较低工资，会使得他们感觉受到了不公正的对待，增加员工的不公平感，降低组织的凝聚力和员工的满意度（Cowherd 和 Levine，1992）。

综合来说，薪酬差距的拉大，能够给予管理层人力资本和工作性质的合理定价，激励管理层做出创新决策、形成企业竞争优势、提升企业绩效。而且，薪酬差距的拉大，也会激励员工为了更高的薪酬和晋升而努力工作。但是，薪酬差距的过大，将会增加企业员工的不公平感，破坏员工之间的关系质量、诱发员工的破坏性行为。特别是对创新企业来说，员工的不公平感将会抑制员工共享知识、互相合作，进而抑制企业创新投入。基于上述分析，提出研究假设 4：

假设 4：企业内部管理层与员工之间薪酬差距和企业创新投入呈倒 U 形曲线关系。

（2）薪酬水平、企业内部薪酬差距和企业创新投入

权变理论认为，薪酬制度对企业绩效的影响，会随着组织和工作环境变化而变化。即使同样的薪酬制度能够影响同一个员工在不同企业的行为，但是该员工行为对企业绩效的影响是存在差异的，这取决于员工行为与组织背景的一致性（Gomez - Mejia 和 Balkin，1992）。

企业的工资水平代表着一家企业相对于其他企业的平均薪酬，分为领先市场、与市场平行、落后市场三种。工资水平领先市场的企业提供了比劳动力市场平均工资更高的工资，工资水平与市场平行的企业提供了相关劳动力市场的平均工资，工资水平落后市场的企业提供了低于市场平均水平的工资。

企业的工资水平可能会影响员工对感知不公平的反应，进而影响薪酬差距和企业创新之间的关系。工资水平较高的企业，能够吸引更优秀的员工，降低优秀员工的离职率。而且，较高的工资水平也能够减少企业员工的非生产性行为，进而提高员工的工作效率和企业绩效（Akerlof 和 Yellen，1986）。

Frank（1985）关于员工地位的研究认为，当员工被支付超过他们边际产出的工资时，即他们对组织贡献的价值时，员工更有可能接受感知的不公平。在过度差距的工资结构里，较低层次的员工可能由于他们相对较低的工资而有不公平感觉。较高的工资水平可能缓解这些不公平感（Bloom 和 Michel，2002）。因此，特定工资结构对员工行为的影响，应该依赖工资水平。具体来说，不平等的工资结构所带来的负面影响将随着工资水平的增加而变小，因此平均主义和层级工资制度在较高的工资水平上将都表现得很好。所以，虽然大的薪酬差距可能导致感知不公平，但是工资溢价可以调整不公平的感知，通过感知的调整，被支付较

低工资的员工能够恢复公平感，进而抑制大的薪酬差距带来的消极反应（Folger 和 Konovsky，1989）。基于上述分析，进一步提出假设 5：

假设 5：对于那些员工平均工资较高的企业，管理层与员工之间的薪酬差距和企业创新投入之间的倒 U 形曲线关系的正的斜率将在较高水平上反转。

三 实证研究设计与结果分析

1. 样本选择与数据来源

本节选取沪深两市非金融类 A 股上市公司作为研究样本。本节使用的研发投入数据来自对上市公司年报的手工收集。本节所使用的其他数据主要来自国泰安（CSMAR）数据库。

2. 模型设定与变量定义

为了检验假设 4，本节采用如下基本模型来检验管理层 – 员工薪酬差距和企业创新投入之间的关系。

$$R\&D_i = \alpha_0 + \alpha_1 MEPG_i + \alpha_2 MEPG_i^2 + \alpha_3 Size_i + \alpha_4 Lev_i + \alpha_5 Age_i + \alpha_6 Cash_i +$$

$$\alpha_7 Roe_i + \sum Year + \sum Industry + \varepsilon_i \qquad (3)$$

为了检验假设 5，本节在模型（3）的基础上，将样本分为员工平均工资较高和员工平均工资较低两组，以检验管理层与员工的薪酬差距对企业创新投入的影响是否存在差异。

模型（3）中的变量具体定义如下。

MEPG 表示企业内部管理层与员工之间的薪酬差距，本节以企业"董事、监事及高管年薪总额"的人均数作为管理层平均薪酬的度量。关于衡量薪酬差距的方法，理论上有方差系数法、基尼系数法和工资倍数法。基于企业员工的感知角度，员工不太可能获取和分析企业内部全体员工的薪酬分布信息，进而计算薪酬分布的方差，但员工对企业内部薪酬水平的高与低的反应是最为直接的（Kepes 等，2009）。因此，高薪酬水平与低薪酬水平的比例可能更为有效地反映员工对企业内部薪酬差距的感知，进而影响其动机和行为。所以，本节使用管理层平均薪酬与员工平均薪酬的倍数来度量两者之间的薪酬差距。

R&D 为企业创新投入，本节借鉴李宏彬等（2009）、解维敏和方红星（2011）的研究，以上市公司的研发投入强度（企业 R&D 投入占销售收入比）作为企业创新投入的替代变量。

本节也控制了其他可能影响企业创新的变量。*Size* 代表企业规模，等于企业年末总资产的自然对数。已有研究发现，规模大的企业与规模小的企业相比，创新力度存在显著差异。*Lev* 代表企业资产负债率，等于企业总负债与公司总资产的比值。企业资产负债率是衡量企业破产风险的关键指标，资产负债率越高，说明企业财务风险较高，则不会选择创新。*Age* 代表企业年龄，本节用企业所在样本年份减去上市年份作为企业的年龄，企业年龄反映了企业所处的生命周期，年轻企业和成熟企业的创新意愿和创新能力存在差异。*Cash* 为企业经营现金流，等于企业经营活动的净现金流除以总资产，技术创新需要大量的资源持续性投入，资金支持是创新的重要保障。*Roe* 为企业净资产收益率，企业业绩是影响企业创新的重要因素之一，一般来说，经营状况良好，才有能力进行开发创新。本节还控制了行业（*Industry*）和年度（*Year*）效应，以控制行业因素和年度差异对企业创新的影响。变量的具体定义如表 4 – 11 所示。

表 4 - 11　变量及其定义

变量	变量定义
R&D	即企业创新投入，等于企业研发投入与企业营业收入的比值
MEPG	即企业内部管理层与员工之间的薪酬差距，等于管理层平均薪酬与员工平均薪酬的倍数
Size	即企业规模，等于总资产的自然对数
Age	即企业年龄，用企业样本所在年份减去上市年份
Lev	即企业资产负债率，等于总负债与总资产的比值
Cash	即企业经营现金流，等于企业经营活动的净现金流除以总资产
Roe	即企业净资产收益率，等于净利润与净资产的比值
Year	即年度哑变量
Industry	即行业哑变量，根据中国证监会发布的《上市公司行业分类指引》对行业进行分类

3. 实证结果与分析

（1）变量的描述性统计

表 4 - 12 报告了变量的描述统计结果。从中可见，样本期间内管理层与员工的平均薪酬倍数的最大值在 18 倍左右，样本期间内研发投入强度的均值为 0.063。表 4 - 12 也报告了模型中其他变量如企业规模（Size）、资产负债率（Lev）、企业年龄（Age）、现金流（Cash）、企业业绩（Roe）的描述性统计结果。

表 4 - 12　变量的描述性统计

变量	均值	中位数	标准差	最小值	最大值
R&D	0.063	0.031	0.086	0.0007	0.383
MEPG	5.872	4.736	3.840	1.538	18.197
Size	21.603	21.448	1.131	19.906	24.619
Lev	0.396	0.394	0.209	0.063	0.785
Age	5.786	4.000	5.240	0.000	16.000

续表

变量	均值	中位数	标准差	最小值	最大值
Cash	0.042	0.038	0.069	- 0.097	0.195
Roe	0.095	0.085	0.072	- 0.062	0.288

（2）企业内部管理层与员工之间薪酬差距对企业创新投入的回归结果

表 4 - 13 报告了管理层 - 员工薪酬差距对企业创新投入的回归结果。从表 4 - 13 的第（3）列可见，管理层 - 员工薪酬差距与企业创新投入之间呈现显著的倒 U 形关系，这支持了研究假设 4。表 4 - 13 的回归结果说明，当管理层 - 员工薪酬差距在较低水平上增长时，锦标赛理论起主要作用，能够激励管理层和员工进行创新投入；当管理层 - 员工薪酬差距较高并超过了一定的水平时，公平效应起主要作用，此时薪酬差距的拉大抑制了企业创新投入。此外，从表 4 - 13 可见，企业资产负债率与企业创新投入显著负相关，这说明企业资产负债率越高，偿债压力越大，财务困境越严重，企业则不愿意也缺乏资源进行创新投入。企业年龄与企业创新投入显著负相关，这说明与年轻企业相比，成熟企业不愿进行创新投入。企业现金流与企业创新投入正相关，但未达到显著性水平。

表 4 - 13　企业内部薪酬差距与企业创新投入回归结果

变量	（1）	（2）	（3）
Constant	0.192 *** (2.57)	0.211 *** (2.80)	0.177 ** (2.29)
MEPG		0.001 (1.53)	0.007 *** (2.57)
Size	- 0.005 (- 1.47)	- 0.006 * (- 1.78)	- 0.006 * (- 1.63)

续表

变量	（1）	（2）	（3）
$MEPG^2$			-0.00033^{**}
			(-2.21)
Lev	-0.053^{**}	-0.052^{**}	-0.056^{***}
	(-2.52)	(-2.48)	(-2.66)
Age	-0.001^{*}	-0.001^{*}	-0.001^{*}
	(-1.82)	(-1.89)	(-1.72)
Cash	0.089	0.090	0.086
	(1.57)	(1.58)	(1.52)
Roe	0.004	-0.014	-0.011
	(0.09)	(-0.27)	(-0.21)
Year	Yes	Yes	Yes
Industry	Yes	Yes	Yes
样本数	611	611	611
F 统计值	7.99^{***}	7.82^{***}	7.78^{***}
Adj. R^2	0.249	0.251	0.256

注：***、**、*分别表示1%、5%和10%的显著性水平。

（3）企业内部管理层与员工之间薪酬差距对企业创新投入的回归结果：薪酬水平的作用

员工的平均工资水平可能会影响员工对薪酬差距的容忍度。当员工的平均工资较高时，相对来说会接受更高的薪酬差距。基于此，本节进一步分析了员工的平均工资水平是否影响了企业管理层－员工薪酬差距和企业创新投入之间的关系。回归结果如表4－14所示。对于员工平均工资水平较高的企业，管理层－员工薪酬差距和企业创新投入之间的倒 U 形关系将在较高水平上反转，这一发现说明，员工较高的工资水平，能够显著地抑制由薪酬差距带来的不公平。从表4－14可以看出，在薪酬低于市场平均水平的企业，资产负债率与企业创新投入显著负相关，这说明财务状况恶化的企业，不愿进行创新投入。在薪酬高于市场平均水平的企业，企业现金流与创新投入多显著正相关，这说明现金流充裕的企业，有更多资源进行创新投入。

表 4 - 14　企业内部薪酬差距与企业创新投入的回归结果：薪酬水平的作用

变量	薪酬高于市场平均水平			薪酬低于市场平均水平		
	(1)	(2)	(3)	(4)	(5)	(6)
Constant	0.200 *	0.223 **	0.186 *	0.189	0.245 **	0.219 *
	(1.80)	(1.97)	(1.62)	(1.61)	(2.01)	(1.78)
MEPG		0.002	0.009 **		0.002	0.007 *
		(0.98)	(1.98)		(1.60)	(1.68)
$MEPG^2$			-0.00046 *			-0.00057 **
			(-1.74)			(-2.13)
Size	-0.006	-0.007	-0.007	-0.004	-0.007	-0.007
	(-1.23)	(-1.46)	(-1.31)	(-0.82)	(-1.30)	(-1.27)
Lev	-0.016	-0.015	-0.021	-0.099 ***	-0.098 ***	-0.099 ***
	(-0.50)	(-0.47)	(-0.66)	(-3.19)	(-3.16)	(-3.20)
Age	-0.002	-0.002	-0.002	-0.0004	-0.001	-0.001
	(-1.52)	(-1.46)	(-1.30)	(-0.34)	(-0.56)	(-0.59)
Cash	0.137 *	0.140 *	0.123	0.110	0.117	0.120
	(1.66)	(1.69)	(1.48)	(1.30)	(1.38)	(1.42)
Roe	-0.025	-0.049	-0.046	-0.023	-0.062	-0.061
	(-0.32)	(-0.60)	(-0.57)	(-0.32)	(-0.83)	(-0.81)
Industry	Yes	Yes	Yes	Yes	Yes	Yes
Year	Yes	Yes	Yes	Yes	Yes	Yes
样本数	304	304	304	307	307	307
F 统计值	4.63 ***	4.49 ***	4.47 ***	4.83 ***	4.77 ***	4.67 ***
Adj. R^2	0.237	0.237	0.243	0.252	0.257	0.258
曲线拐点	—	—	9.783	—	—	6.140

注：*** 、** 、* 分别表示1% 、5% 和10% 的显著性水平。

4. 稳健性检验

为了增强本节结论的稳健性，本节进行了如下的稳健性检验。

（1）管理层－员工薪酬差距与企业创新产出的回归分析

本节也借鉴 Wong 等（2005）的研究，采用企业专利数作为企业创新产出的替代变量进行稳健性检验。表 4－15 报告了以企业当年专利数作为企业创新产出替代变量的负二项（Negative binomial）回归结果。如表 4－15 的第（3）列所示，企业薪酬差距与企业创新产出呈倒 U 形关系，这说明之前的研究发现是稳健的。此外，从表 4－15 可以看出，企业负债水平与以专利衡量的创新水平显著负相关，这说明了破产风险较高的企业不倾向进行创新。企业年龄与企业创新显著负相关，这说明成熟企业不愿进行创新。企业业绩与企业创新显著正相关，说明盈利能力强的企业，有更多资源进行创新。

表 4－15　管理层－员工薪酬差距与企业创新产出的回归结果

变量	(1)	(2)	(3)
Constant	-10.377*** (-19.27)	-10.417*** (-19.16)	-10.508*** (-19.29)
MEPG		-0.003 (-0.53)	0.034** (2.05)
MEPG^2			-0.002** (-2.32)
Size	0.561*** (26.50)	0.567*** (25.79)	0.561*** (25.67)
Lev	-0.257** (-2.22)	-0.258** (-2.23)	-0.258** (-2.23)
Age	-0.033*** (-7.15)	-0.033*** (-7.17)	-0.031*** (-6.73)

续表

变量	(1)	(2)	(3)
Cash	0.487 (1.54)	0.486 (1.54)	0.474 (1.50)
Roe	1.808*** (6.38)	1.833*** (6.38)	1.816*** (6.32)
Year	Yes	Yes	Yes
Industry	Yes	Yes	Yes
样本数	3949	3949	3949
LR chi²	1460.44***	1460.72***	1466.03***
Pseudo R²	0.046	0.046	0.046

注：***、**、*分别表示1%、5%和10%的显著性水平。

（2）基于不同的管理层薪酬指标的管理层－员工薪酬差距与企业创新投入的回归分析

本节也对管理层平均薪酬指标的计算进行了替换。本节采用了国泰安数据库中披露的董事、监事、高管前三名薪酬和前三名高管薪酬计算的平均薪酬作为管理层平均薪酬水平的替代，对薪酬差距与企业创新投入的回归结果进行了稳健性检验。回归结果如表4-16所示，基于董事、监事、高管前三名薪酬和前三名高管薪酬数据计算的管理层与员工薪酬差距同企业创新投入呈倒U形关系，这进一步支持了之前的研究发现。从表4-16可以看出，企业负债率、规模、年龄与企业创新投入显著负相关，说明了面临财务困境的企业创新投入水平较低。由于规模大的企业可以利用其规模优势占据一定的市场份额，因此相比小规模企业，其创新意愿较低。与年轻企业相比，成熟期企业创新动力不足，创新投入水平较低。

表4-16 基于不同管理层薪酬指标的管理层-员工薪酬差距与企业创新投入的回归结果

变量	基于前三名高管薪酬指标的回归分析			基于董事、监事、高管前三名薪酬指标的回归分析		
	(1)	(2)	(3)	(4)	(5)	(6)
Constant	0.188*** (2.63)	0.201*** (2.80)	0.185*** (2.76)	0.186*** (2.62)	0.199*** (2.76)	0.178** (2.46)
MEPG		0.0005 (1.38)	0.002** (2.18)		0.00041 (1.25)	0.002** (2.16)
$MEPG^2$			-0.00004* (-1.89)			-0.00004* (-1.86)
Size	-0.005 (-1.51)	-0.006* (-1.74)	-0.006* (-1.70)	-0.005 (-1.50)	-0.006* (-1.71)	-0.006* (-1.65)
Lev	-0.054*** (-2.61)	-0.052** (-2.52)	-0.053*** (-2.62)	-0.055*** (-2.67)	-0.053*** (-2.59)	-0.054*** (-2.64)
Age	-0.001* (-1.91)	-0.001** (-1.99)	-0.001*** (-2.68)	-0.001* (-1.89)	-0.001* (-1.96)	-0.001* (-1.88)
Cash	0.079 (1.44)	0.081 (1.48)	0.085* (1.91)	0.079 (1.43)	0.081 (1.48)	0.081 (1.47)

续表

变量	基于前三名高管薪酬指标的回归分析			基于董事、监事、高管前三名薪酬指标的回归分析		
	(1)	(2)	(3)	(4)	(5)	(6)
Roe	0.009	-0.009	-0.011	0.010	-0.007	-0.006
	(0.19)	(-0.17)	(-0.24)	(0.20)	(-0.13)	(-0.13)
Year	YES	YES	YES	YES	YES	YES
Industry	YES	YES	YES	YES	YES	YES
样本数	624	624	624	625	625	625
F统计值	8.14***	7.94***	7.79***	8.15***	7.94***	7.83***
Adj. R^2	0.250	0.251	0.253	0.250	0.250	0.253

注：***、**、* 分别表示1%、5%和10%的显著性水平。

（3）内生性问题的控制

创新企业可能会根据创新战略来安排其薪酬结构，因此，企业内部薪酬差距与企业创新投入之间可能存在一定的内生性问题。本节采用两阶段最小二乘法，对内生性问题进行了控制。本节构建的两阶段回归模型如下。

$$MEPG_i = \beta_0 + \beta_1 State_i + \beta_2 Marindex_i + \beta_3 Duality_i + \beta_4 Size_i + \beta_5 Roe_i +$$
$$\sum Year + \sum Industry + \varepsilon_i \qquad (4)$$

$$R\&D_i = \beta_0 + \beta_1 MEPG_i + \beta_2 MEPG_i^2 + \beta_3 Size_i + \beta_4 Lev_i + \beta_5 Age_i + \beta_6 Cfo_i +$$
$$\beta_7 Roe_i + \sum Year + \sum Industry + \varepsilon_i \qquad (5)$$

模型（4）中的变量定义如下：$MEPG$ 代表企业管理层与员工薪酬差距。$Marindex$ 代表上市公司所在地的地区市场化指数。$Duality$ 为公司总经理与董事长两职是否兼任情况，若两职兼任则取值为 1，否则取值为 0。Roe 为公司净资产收益率。$Size$ 为公司资产规模的自然对数。模型（5）中变量定义如模型（3）。

表 4 - 17 报告了控制内生性问题之后的回归结果。表 4 - 17 回归结果表明，在控制了管理层 - 员工薪酬差距和企业创新投入之间可能的内生性问题之后，企业内部管理层 - 员工薪酬差距与企业创新投入之间仍呈现倒 U 形曲线关系，这也说明本节之前的发现是稳健的。

表 4 - 17　企业内部薪酬差距与企业创新投入的两阶段回归结果

变量	（1）	（2）	（3）
Constant	0. 192 ***	- 0. 151	- 0. 187
	(2. 57)	(- 0. 92)	(- 1. 32)

续表

变量	(1)	(2)	(3)
MEPG		-0.022^{**} (-2.33)	-0.010 (-1.14)
$MEPG^2$			-0.001^{*} (-1.86)
Size	-0.005 (-1.47)	0.017^{*} (1.69)	0.017^{**} (2.01)
Lev	-0.053^{**} (-2.52)	-0.054^{**} (-2.56)	-0.056^{***} (-2.72)
Age	-0.001^{*} (-1.82)	-0.002^{**} (-2.48)	-0.002^{***} (-3.07)
Cash	0.089 (1.57)	0.087 (1.53)	0.086^{*} (1.87)
Roe	0.004 (0.09)	0.284^{**} (2.18)	0.286^{***} (2.71)
Year	Yes	Yes	Yes
Industry	Yes	Yes	Yes
样本数	611	611	611
F 统计值	7.99^{***}	7.96^{***}	7.77^{***}
Adj. R^2	0.249	0.292	0.294

注：***、**、* 分别表示1%、5%和10%的显著性水平。

5. 本节小结

企业创新需要管理层和员工的协同努力，企业内部管理层与员工之间的薪酬差距既会影响管理层的工作态度，也会影响员工的积极性，因此对创新有着至关重要的影响。本节以我国非金融类 A 股上市公司为样本，理论分析和实证检验了企业内部管理层与员工之间的薪酬差距对企业创新投入的影响。研究发现，企业内部管理层与员工之间的薪酬差距对企业创新投入呈倒 U 形关系，即当管理层与员工之间的薪酬差距在较低水平上增长时，能够促进企业创新投入，当管理层与员工之间的薪酬差距超过一定的水平时，薪酬差距的加大会抑制企业创新投入。进一步研究发现，企业的员工平均薪酬水平能够影响薪酬差距与企业创新投入之间的关系，即当企业的员工平均薪酬较高时，能够接受相对较高的薪酬差距。

第四节

本章小结

当前，决策层和学术界都认识到了实现我国经济增长的持续性不能再基于高储蓄和高投资，而应有效地利用技术进步，创新才是提升企业核心竞争力、实现经济持续增长的关键，相应地，如何激励企业创新便是一个很重要的问题。人力资本是创造财富、推动经济发展的关键因素，对企业而言，人力资本不仅包括管理层才能，也包括员工的人力资本，管理层与员工是企业建立竞争优势、实现企业价值最大化目标的基础。薪酬契约可以将管理层、员工利益与企业利益联系起来，激励管理层与员工为企业价值最大化而努力工作，因此系统研究薪酬契约对企业创新的影响，则是具有明显理论与现实意义的研究问题。本章从业绩薪酬和薪酬差距两个视角，深入考察了薪酬契约对企业创新的影响。研究发现，业绩薪酬不利于激励企业创新，而管理层与员工薪酬差距对企业创新影响呈现倒 U 形关系。本章研究结论丰富了企业技术创新的研究文献，并为评价业绩薪酬激励有效性和薪酬差距经济后果提供新的证据，同时也为完善企业薪酬契约设计、激励企业创新提供政策启示。

第五章

产业政策与企业创新

第一节

研究问题提出

产业政策是政府为了对经济进行结构性调整、促进产业升级、引导产业发展、推动经济持续健康发展而采取的一种干预方式。产业政策在我国得到了广泛的推行。特别是为了应对2008年美国金融危机给我国经济造成的冲击，以及转变经济发展方式的需要，我国在2009年推出了十大产业的调整与振兴规划，以及多种相应配套的政策措施。然而，我国大力推行的产业政策是否达到了预期的目标，产业政策实施的效果如何，什么因素影响了产业政策实施效果，对这些问题的回答关系着我国经济发展方式转型、产业升级和产业结构调整能否实现，因此是具有重要的理论意义和实践意义。

从企业微观视角看，企业创新投入是企业最重要的经营决策之一，关系企业的生存与发展，反映了企业的未来发展方向。因此，评估产业政策实施效果的影响，企业创新投入是一个很好的视角。本章采用中国非金融类A股上市公司的数据，结合中国转型期的制度背景，基于企业创新投入视角，研究产业政策实施效果的影响及其作用机制，以此考察产业政策实施效果，并为提高企业创新投入提供对策建议。

第二节

理论分析与假设提出

一 产业政策研究综述

目前，已有关于产业政策经济后果的研究文献，并没得到一致的结论，甚至学术界存在两种相反的观点。一些研究学者基于宏观层面分析视角提出，实施产业政策能够弥补市场机制的失灵，实现对资源配置的帕累托改进，对产业升级、经济增长具有积极作用。代永华（2002）对中国产业结构政策绩效及方向选择进行了研究，结果发现，在市场机制尚未形成的改革开放初期，产业结构政策效果较明显，但是在后期，产业结构政策对产业结构的调整和升级作用很有限。入世强化了市场机制调整产业结构的功能，但抑制了政府推行产业结构政策的能力。宋凌云和王贤彬（2013）研究了重点产业政策对产业生产率的影响，研究发现，地方政府的重点产业政策总体上提高了地方产业生产率，但在不同产业类型上存在差异。冯飞鹏（2018）以"十二五"（2011～2015 年）期间 A 股上市公司为研究样本，考察了产业政策、信贷配置对企业创新产出效率的影响，研究发现，产业政策促进了受产业政策支持企业专利产出的增加，外部信贷融资可获得性对产业政策与创新产出的关系具有调节作用，当外部信贷融资可获得性较低时产业政策会促进专利产出增加，当外部信贷融资可获得性较高时会抑制产业政策对专利产出的促进作用。张健和鲁晓东（2018）从政府补贴、信贷利率、企业所得税率三个视角研究了产业政策对出口转型升级的影响，研究发现，产业政策能够促进中国企业出口转型升级。

但是，也有一些研究认为，产业政策的实施，影响了市场机制作用的发挥，未能提高产业生产效率，甚至部分受到产业政策支持的行业出现了投资效率低下、产能过剩的消极效应。江飞涛和李晓萍（2010）提出我国产业政策是典型的选择性政策，在制定实施产业政策过程中，存在行政性直接干预、以政府选择代替市场机制和限制竞争问题，导致产业的静态效率和动态效率较低。舒锐（2013）采用 DEA 方法估算了行业全要素生产率，以政策偏度来测度产业政策中的税收优惠和研发补贴，检验了税收优惠和研发补贴对产出增长率和全要素生产率的影响，以考察我国产业政策的效应，结果发现，产业政策可以促进工业行业产出的增长，但不能提高生产效率，产业政策对产业发展具有一定的加速和迟滞作用。黎文靖和李耀淘（2014）通过研究我国产业政策对企业投资行为的影响来考察我国政策的实施效果，结果发现，总体上产业政策并没有显著提高企业投资水平。根据产权性质分组的结果显示，产业政策能够增加民营企业投资水平，但是企业投资效率下降。杨继东和罗路宝（2018）基于中央和省级政府的"十一五""十二五"规划提到的重点产业，研究了重点产业政策对土地资源空间配置的影响，研究发现，重点产业政策容易导致资源空间配置扭曲，而且地区间竞争是导致重点产业政策引发资源空间配置扭曲的关键原因。张莉等（2019）以政府主导实施的重点产业政策为切入点，考察了重点产业政策对企业全要素生产率的影响，研究发现，重点产业政策显著抑制了相应行业内企业全要素生产率的提升，而且重点产业政策抑制全要素生产率的作用机制是将资源从非重点行业引向重点行业，导致企业投资过度，进而降低企业全要素生产率。钟宁桦等（2019）以 1991~2015 年中国企业的跨境并购交易为样本，检验了"五年规划"中的产业政策对中国企业海外并购的影响，研究发现，与没有受到"五年规划"产业政策支持的企业相比，受到产业政策支持的企业支付了更高的并购溢价，并购完成的概率却较低。此外，该文发现，受到产业政策支持的企业获得了更多较为廉价的资金，以及获得了更多的政府补贴。张鹏杨等（2019）研究了我国出口加工区成立之初施行的"主导产业"扶持政策对企业全球价值链升级效果的影响，研究发现，出口加工区的"主导产业"政策对我国出口企业全球价值链升级存在负面影响。进一步研究发现，这种负面影响对于国有资本份额较大企业和重工业企业更为明显。此外，该文发现对于比较优势较大的行业来说，产业政策对企业全球价值链的负面影响不明显甚至存在正面影响，而且，这种负面影响在错配程度较低的行业中也不明显。基于研究结论，该文认为政府的产业政策既要针对比较优势准确定位，也应不造成资源错配。戴小勇和成力为（2019）探讨了何种产业政策更为有效问题，作者基于企业全要素生产率与成本加成率视角，从企业和行业层面分别考察了政府补贴、税收减免、低利率贷款对受产业政策支持企业及行业的影响，研究发现，政府补贴与低利率贷款总体上降低了受产业政策支持企业的全要素生产率与成本加成率。

部分微观层面研究从企业融资、投资及其效率、业绩与股价表现、全要素生产率等方面考察了产业政策对微观企业行为的影响，结论也是充满争议。韩乾和洪永淼（2014）研究了国家新兴战略性产业政策对金融证券价格和投资者行为的影响，研究发现，产业政策的公布能够为投资者带来短期的超额回报，而对中长期回报率没有作用，究其原因在于产业政策在陆续公布过程中，资本市场中的投资者对信息的反应存在差异，机构投资者相比个人投资者，具有信息获取和信息处理优势，从而获得超额回报，影响了资产的价格。连立帅等（2015）研究了产业政策对信贷资源配置的影响，用以评价我国产业政策的实施效果，研究发现，受到产业政策支持的高成长国有企业获得了更多的信贷融资。此外，产业政策创新激励能够引导信贷资源配置到高研发投入企业。赵卿和曾海舰（2016）研究了产业政策对信贷资源配置与企业业绩的影响，结果发现，受产业政策支持的企业获得了更多的信贷资金，而且，与民营企业相比，受产业政策支持的国有企业获取信贷资源更多。进一步研究发现，产业政策支持下的银行信贷增量对企业业绩具有正向影响，而且这一关系主要体现在民营企业中。连立帅等（2016）考察了金融危机及之后我国推出的经济刺激政策对微观企业行为的影响，研究发现，受经济刺激政策支持的行业中，企业市场绩效在金融危机期间和经济下行压力期间与经济刺激政策呈正相关，而且，经济刺激政策对企业绩效的影响对于非国有企业更为明显。此外，该文发现金融危机期间市场绩效更差的企业，在经济刺激政策下进行了更多的融资与投资。陈冬华和姚振晔（2018）分析了我国产业政策对股价同步性的影响，研究发现，产业政策的发布和执行能够降低被产业政策支持企业的股价同步性，而且，这种降低效应对被重点支持的企业更为显著。进一步研究发现，产业政策对股价同步性的抑制作用主要存在于分析师跟踪较多、机构投资者持股较多、媒体报道较多的企业中，这些研究发现表明政府的产业政策具有公司特质信息。李文贵和邵毅平（2016）分析和考察了产业政策对民营企业国有化的影响及经济后果，研究发现，受到产业政策支持或鼓励的民营企业，更有可能进行国有化。此外，该文发现，同样受到产业政策支持或鼓励的民营企业，进行国有化的企业获得了更多的政策补贴，缴纳了较少的税收，但是也比没有进行国有化的民营企业雇用了更多的员工，支付了较高的员工工资，呈现较差的业绩表现。金宇超等（2018）考察了市场力量与政府扶持两种机制如何引导产业政策下的资金配置，结果发现，产业政策支持的企业能够获得更多的债务融资和政府补贴。吴静桦等（2019）基于融资便利性视角，检验了产业政策对集团上市公司的集中负债决策的影响，研究发现，受到产业政策支持的集团上市公司更可能采用集中负债模式，这种现象对于非国有集团公司来说更为明显，但这种影响对于子公司盈利能力较强的集团公司则较弱。进一步研究发现，集团公司采用集中负债模式有助于提升产业政策带来的融资便利性，显著降低了公司的债务融资成本和非效率投资。黎文飞和巫岑（2019）研究产业政策对企业会计稳健性的影响，结果发现，产业政策降低了企业会计稳健性，而且这一影响对非国有企业、年轻企业、低成长性企业更为明显。进一步研究发现，产业政策缓解了融资约束，降低了企业税收负担。

从上述文献回顾中可以看出，目前对产业政策实施效果评价的研究还并没有定论。因此，基于企业创新投入视角，考察产业政策的实施效果具有明显的理论和实践意义，也是对产业政策实施效果评价进行研究的一个重要突破。

二 产业政策影响企业创新投入的理论分析

首先，产业政策的实施缓解了企业融资约束。融资是影响企业创新投入顺利开展的关键因素。创新需要企业持续性地投入大量资金进行研究开发，对于大部分企业而言，仅仅依赖企业经营所产生的内部现金流来支持企业创新，可能会导致企业研发的非持续性和不稳定性。而且，创新项目的未来市场潜力尚未得到验证，外部投资者和债权人对企业创新项目的真实情况很难准确把握，这加大了信息不对称问题，导致创新企业融资约束问题加剧，影响了企业创新的动力和能力。转变经济增长模式、促进产业升级、提升企业自主创新水平是"五年规划"中设定的部分目标，为了实现上述目标，政府会积极鼓励银行信贷、股票市场IPO和再融资等资源支持企业创新，从而缓解企业创新融资约束，提升企业创新水平。陈冬华等（2010）研究发现，与没有受到产业政策支持的行业相比，受到产业政策支持的行业，获得了更多的长期贷款、IPO融资和再融资机会。姜国华和饶品贵（2011）研究发现，产业政策还会通过改变经济环境预期、融资成本等途径来影响企业融资环境，进一步缓解企业融资约束。此外，产业政策的实施还会使得受到支持的行业获得更多的税收优惠和政府补贴。孙莹（2015）研究发现，电子制造、生物医药等受到产业政策支持的行业，获得了更多的税收激励。钱爱民等（2015）也发现，受到产业支持的行业获得了更多的政府补助。税收优惠和政府补贴等增加了企业的现金流，为企业研发创新提供了资金支持，鼓励企业进行更多的创新，从而提高市场竞争力。

其次，产业政策会提高行业竞争程度。为了鼓励目标产业的发展，政府会放松该产业的市场准入和审批限制，鼓励更多的企业进入该产业，这提高了该产业的行业竞争程度。市场竞争程度的提高，一方面会增加企业竞争压力，迫使企业加大力度进行创新，以获取竞争优势；另一方面，市场竞争作为企业重要的外部治理机制之一，其压力的提高会增加管理层业绩压力和职位不稳定性，进而约束管理层的行为，提高管理层努力程度。管理层和股东之间的目标存在差异，管理层追求个人收益最大化，股东追求企业价值最大化。为了职位稳定性和个人财富，管理层会偏爱回报期较短、收益稳定的保守型项目，放弃风险较高的创新项目。行业内企业间的竞争程度增加，会降低行业内的信息不对称，竞争压力驱使管理层选择创新性项目，获取市场竞争优势。基于上述分析，本章提出，产业政策的实施会促进企业创新投入。

第三节

实证研究设计与结果分析

一 样本选择和数据来源

本章选取了在上海证交所和深圳证交所进行交易的非金融类A股公司作为样本来源。本章所使用的数据包括企业财务特征和治理数据、企业研发投入数据、产业政策、地区市场化水平数据。所使用的数据库主要有两种类型：一是手工收集数据库，根据公开披露的年度财务报告和政府文件收集与整理的相关数据，

手工收集企业是否受到产业政策支持；二是通用数据库，包括
CSMAR 数据库、Wind 金融资讯数据库。营商环境数据使用的是
王小鲁等（2017）编制的《中国分省企业经营环境指数 2017 年
报告》。

二　变量定义

1. 企业创新投入

R&D 代表企业创新投入，借鉴 Wong 等（2005）、李宏彬等
（2009）、倪骁然和朱玉杰（2016）的研究，本章以企业研发投入
强度衡量企业创新投入。

2. 产业政策

本章参照陈冬华等（2010）、黎文靖和李耀淘（2014）的研
究，根据国家发展和改革委员会颁发的"十一五"、"十二五"和
"十三五"规划文件，从中判定受到产业政策激励的行业，如果
规划中提到支持、鼓励发展、积极发展、大力发展或重点发展
时，则认定该行业被产业政策所激励，产业政策变量（*IP*）取值
为 1，否则取值为 0。

3. 控制变量

本章也控制了其他可能影响企业创新投入的变量。例如，以公
司年末总资产的自然对数值来衡量企业规模（*Size*），一般认为小公
司和大公司在技术创新中具有不同的优势，小公司在技术创新方面
具有灵活性优势，而大公司主要拥有资源优势。研究开发活动是一
项成本大、风险大的投资活动，需要花费大量的现金流，如果没有
足够的现金流，企业将无法使研发活动持续，因此本章对企业现金
流量（*Cash*）进行控制。年轻企业和成熟企业的创新动力也存在差

异，所以本章也控制了企业的年龄（*Age*）。

此外，本章也引入行业哑变量和年度哑变量，以控制年度间的差异和行业因素对公司创新投入的影响。由于篇幅关系，在检验结果中未报告这些行业和年度控制变量的回归系数及显著性。变量的具体定义如表 5 - 1 所示。

表 5 - 1　变量及其定义

变量	变量定义
R&D	即企业创新投入，采用企业研发投入强度来衡量企业创新投入
IP	即产业政策，当公司所处的行业年度在产业政策激励范围，则 *IP* 赋值为 1，否则为 0
Marindex	即市场化水平，等于市场化指数
Pressure	即地区经济增长压力，当地区人均国内生产总值高于同年度内各省份人均国内生产总值的均值，则取值为 1，否则取值为 0
Envir	即地区营商环境，指数越大，营商环境越好
Size	即企业规模，等于总资产的自然对数
Lev	即企业资产负债率，等于总负债与总资产的比值
Age	即企业年龄，用企业样本所在年份减去上市年份
Cash	即企业经营活动现金流量净额与总资产的比值
Roa	即资产回报率，等于净利润除以总资产
Lash	即第一大股东持股比例
Year	即年度哑变量
Industry	即行业哑变量，根据中国证监会发布的《上市公司行业分类指引》对行业进行分类

三　模型设定

为了检验产业政策对企业创新投入的影响，本章构建模型（1）进行检验。

$$R\&D_i = \alpha_0 + \alpha_1 IP_i + \alpha_2 Size_i + \alpha_3 Lev_i + \alpha_4 Age_i +$$

$$\alpha_5 Cash_i + \alpha_6 Lash_i + \sum Industry + \sum Year + \varepsilon_i \qquad (1)$$

四　样本特征描述性统计

表 5 - 2 报告了变量的描述性统计分析结果。为了减轻异常值的影响，本章在表 5 - 2 及以下分析中对所有财务指标利用 winsorize 方法对变量在 1% 水平上的极端值进行了处理。如表 5 - 2所示，样本企业研发投入强度平均值为 0. 0234，企业研发创新投入是提高企业创新水平的重要动因，我国企业研发创新投入仍有待提高。地区市场化指数均值为 7. 4324，最小值为 2. 94，最大值为 9. 95，表明地区间市场化程度差异明显。地区营商环境变量均值为 3. 1842，最小值为 2. 8，最大值为 3. 92，表明地区间营商环境存在一定差异。企业规模变量均值为 21. 8513，资产负债率变量均值为 0. 4542，年龄变量均值为 9. 2264，企业现金流变量均值为 0. 1983，第一大股东持股比例均值为 35. 5022% 。

表 5 - 2　主要变量的描述性统计

变量	均值	中位数	标准差	最小值	最大值
R&D	0. 0234	0. 034	0. 0379	0	0. 2573
IP	0. 5582	1	0. 4966	0	1
Marindex	7. 4324	7. 62	1. 7122	2. 94	9. 95
Pressure	0. 4317	0	0. 4953	0	1
Envir	3. 1842	3. 13	0. 2111	2. 8	3. 92
Size	21. 8513	21. 7074	1. 3009	18. 9272	25. 751
Lev	0. 4542	0. 4471	0. 2307	0. 0459	1. 1725

变量	均值	中位数	标准差	最小值	最大值
Age	9.2264	9	6.325	0	22
Cash	0.1983	0.1537	0.1534	0.0083	0.7388
Lash（%）	35.5022	33.5285	15.207	8.7595	75.1042

表 5 - 3 给出了检验模型中变量间的 Pearson 相关系数。从表 5 - 3 可见，*R&D* 与 *IP* 显著正相关，初步表明产业政策实施能够促进企业研发创新投入。*R&D* 与 *Size* 显著负相关，表明大企业缺乏研发创新投入动力。*R&D* 与 *Lev* 显著负相关，表明资产负债率越高，企业财务压力越大，越不倾向进行研发投入。*R&D* 与 *Age* 显著负相关，表明年龄较大企业缺乏创新投入动力。*R&D* 与 *Lash* 显著负相关，表明第一大持股人所持股份比例越高，越不倾向选择风险高的研发项目。*R&D* 与 *Cash* 显著正相关，表明公司现金流越充足，越有资源进行研发创新投入。此外，解释变量之间的相关系数显示不存在明显的多重共线性问题。

五　产业政策与企业创新投入的回归结果

表 5 - 4 给出了产业政策对企业创新投入影响的回归结果。可以发现，企业规模与企业创新投入显著负相关，这说明规模大的企业创新投入水平更低。企业资产负债率与企业创新投入显著负相关。企业年龄与企业创新投入显著负相关，这意味着年轻的企业更有动力创新。企业现金流与企业创新投入显著正相关，这说明内源融资是企业创新投入的重要资金来源。第一大股东持股比例与企业创新投入显著负相关，说明我国上市公司存在第二类代理问题，即大股东为了自身利益最大化，不愿进行高风险的创新

表 5 - 3　变量间的 Pearson 相关系数

变量	R&D	IP	Marindex	Pressure	Envir	Size	Lev	Age	Cash	Lash
R&D	1.0000									
IP	0.1810***	1.0000								
Marindex	0.2361***	-0.0060	1.0000							
Pressure	-0.0467***	0.0132**	-0.1673***	1.0000						
Envir	0.1118***	-0.0649***	0.4778***	-0.1672***	1.0000					
Size	-0.1581***	-0.0405***	0.0617***	-0.0298***	0.1084***	1.0000				
Lev	-0.3663***	-0.1111***	-0.1676***	0.0159**	-0.0732***	0.3284***	1.0000			
Age	-0.3113***	-0.0901***	-0.1011***	-0.0224***	0.0515***	0.2517***	0.3866***	1.0000		
Cash	0.2836***	0.0432***	0.0856***	0.0489***	0.0056	-0.2285***	-0.4369***	-0.3120***	1.0000	
Lash	-0.1071***	-0.0286***	0.0130*	0.0186***	-0.0197***	0.2653***	0.0174***	-0.0997***	0.0055	1.0000

注：***、**、* 分别表示 1%、5% 和 10% 的显著性水平。

活动。所有回归模型均控制了行业效应和年度效应，限于篇幅没有报告回归结果。表 5 - 4 的第（1）列是纳入了产业政策变量的回归结果。从中可见，产业政策变量与企业创新投入的回归系数显著为正，这表明产业政策的实施能够显著激励企业创新。

六　地方政府行为、产业政策与企业创新投入

当前，中央政府制定的产业政策目标是，鼓励和支持发展先进生产能力，限制和淘汰落后生产能力，防止盲目投资和低水平重复建设，推进产业结构优化升级。中央政府制定的产业政策，具体要由各职能部委或地方政府负责落实实施。我国处理中央和地方关系的一个典型的制度特征是政治上的集权和经济上的分权。中国在经济上实行分权的同时保持着政治上的集权，晋升激励和晋升锦标赛使得地方政府官员有非常强的动力推动地方经济快速发展（Qian 和 Weigast，1996；周黎安，2007）。一方面，政治晋升体制需要地方官员拥有一定的经济决策权力，能够配置经济资源来发展当地经济、实现本地的经济增长。另一方面，政治晋升是财政分权体制下地方官员推动本地经济增长的前提，是财政分权体制发挥作用的基础。晋升激励和财政分权深刻地影响了地方政府及地方官员的激励结构和行为目标，使得地方政府及地方官员有着强烈的动机来发展本地经济，增加财政收入，提高经济增长。或者说，中国的财政分权之所以能够激励地方政府之间为推动经济增长而进行相互竞争，其原因在于中央政府在对地方进行财政分权的同时保持了政治上的集中和考核晋升官员的权力。简单地说，即为财政上的分权与政治上的集权相互结合（张军，2007）。

　　为了落实中央的产业政策，地方政府需要鼓励企业进行技术创新、提升技术水平，淘汰和关闭不符合产业政策要求的高能耗、高污染、技术水平低的企业，这会影响地区短期内的经济增长，影响地区的就业率和社会稳定，进一步地，可能影响地方官员的政治晋升。因此，地方政府官员政治晋升的激励和任期的限制可能影响了产业政策的实施效果。本章也进一步考察了地方政府行为对产业政策和企业创新投入关系的影响。具体来说，本章从三个视角关注地方政府行为：一是地方政府干预程度，二是地方经济增长压力，三是营商环境。

　　地方政府干预变量采用王小鲁等（2017）编制的《中国分省份市场化指数报告（2016）》中的中国各地区市场化指数（$Marindex$）来衡量，这个市场化指数包括五个方面，即政府与市场的关系、非国有经济的发展、产品市场的发育程度、要素市场的发育程度、市场中介组织发育和法律制度环境。地区市场化指数越大，地区市场化进程越快，地方政府干预程度较低，因此本章采用市场化指数来衡量地方政府干预水平。地方经济发展压力（$Pressure$），当地区人均国内生产总值高于同年度各省份人均国内生产总值的均值时，取值为1，否则取值为0。对于那些地区经济增长排行靠后的官员，在晋升锦标赛制度下面临的压力越大，进而对辖区企业行为干预程度也越大。相反，对于那些地区经济增长靠前的地方官员，地方官员的发展经济压力相对较低，进而对辖区企业行为干预也较少。地区营商环境（$Envir$），采用王小鲁等（2017）编制的《中国分省企业经营环境指数2017年报告》的地区企业经营环境指数衡量，指数越大，营商环境越好。

　　表5-4的第（3）列考察了地区市场化程度对产业政策实施效果的影响。研究发现，市场化程度与产业政策变量的交乘项系

数显著为正，说明市场化程度提高了产业政策对企业创新的促进
作用。从政府与市场的关系维度看，在市场化程度高的地区，市
场竞争环境较公平，市场机制运行良好。市场化程度高的地区，
政府对市场干预程度较轻，政府更倾向与企业保持适当的距离，
政府官员通过干预企业获取不当利益的机会也较低。此时，地方
政府对国家产业政策实施干预程度也较低，产业政策实施能够很
好地达到预期的目标，促进企业创新投入。企业会依据价格机制
和市场供给关系的变化，利用产业政策实施给予的政策支持，通
过研究开发新技术、新产品以及降低成本来获取市场份额。而在
市场化程度较低地区，政府对市场运行干预较多。政府出于提高
经济快速增长、增加税收等目的进行干预，使得市场竞争机制对
企业经营行为的影响弱化，这扭曲了企业的成长机制，企业通过
研发创新以获取竞争优势的路径被破坏。地方政府对辖区经济的
过度干预影响了产业政策的实施，干扰了产业政策目标的实现，
削弱了产业政策的实施效果。

表 5 - 4　市场化程度、产业政策与企业创新投入的回归结果

变量	（1）	（2）	（3）
IP	0.2437 *** (4.79)	0.2542 *** (5.00)	- 0.6601 *** (- 3.65)
Marindex		0.0642 *** (4.87)	- 0.0030 (- 0.16)
IP * Marindex			0.1234 *** (5.27)
Size	- 0.0591 *** (- 3.29)	- 0.0643 *** (- 3.57)	- 0.0640 *** (- 3.55)
Lev	- 2.1818 *** (- 20.23)	- 2.1372 *** (- 19.76)	- 2.1333 *** (- 19.74)

变量	(1)	(2)	(3)
Age	−0. 1180 ***	−0. 1158 ***	−0. 1159 ***
	(−32. 07)	(−31. 24)	(−31. 28)
Cash	2. 3017 ***	2. 2889 ***	2. 2969 ***
	(15. 11)	(15. 04)	(15. 10)
Lash	−0. 0166 ***	−0. 0168 ***	−0. 0165 ***
	(−12. 02)	(−12. 15)	(−11. 99)
Constant	3. 3637 ***	2. 9700 ***	3. 4832 ***
	(8. 11)	(7. 03)	(8. 04)
Year	Yes	Yes	Yes
Industry	Yes	Yes	Yes
Number of obs	21840	21840	21840
R^2	0. 4203	0. 4209	0. 4216
F	451. 6029	440. 1732	429. 5532
P	0. 0000	0. 0000	0. 0000

注：表中数据为各自变量的回归系数，括号内的数值为 t 值；***、**、* 分别表示 1%、5% 和 10% 的显著性水平。

表 5 −5 报告了地方经济增长压力对产业政策实施效果的影响。研究发现，地方经济增长压力与产业政策变量的交乘项系数显著为正，说明地方经济增长水平越高、增长压力越小，越能提高产业政策对企业创新的促进作用。我国的市场化改革是渐进式的，而且各地区资源禀赋差异较大，导致我国各地区的经济发展水平差异明显。东部沿海地区和珠三角地区较早地推行了市场化改革，地理位置也具有优势，因此地区经济发展水平较高，地方官员面临的经济增长压力相对较低。而中西部地区，地理位置相对劣势和市场化进程相对较慢，导致地区经济发展水平相对落后于东部沿海地区和珠三角地区。经济发展水

平较低地区的地方官员，在经济增长和政绩考核压力下，具有较强的动机干预地方经济，偏好选择短期内对促进经济增长有利的项目，并会积极主动地干预辖区企业的经营决策，将短期内实现经济快速增长的目标转嫁给辖区企业。为经济增长而进行的干预，抑制了产业政策的作用，难以充分发挥产业政策对企业创新、产业升级的推动作用，降低产业政策的实施效果。

表 5 - 5　地方经济增长压力、产业政策与企业创新投入的回归结果

变量	（1）	（2）
IP	0.2504 ***	0.1913 ***
	(4.92)	(3.09)
Pressure	0.1119 ***	(3.09)
	(2.74)	(0.61)
IP * Pressure		0.1348 *
		(1.68)
Size	-0.0630 ***	-0.0626 ***
	(-3.49)	(-3.47)
Lev	-2.1606 ***	-2.1582 ***
	(-19.99)	(-19.97)
Age	-0.1174 ***	-0.1175 ***
	(-31.81)	(-31.85)
Cash	2.2888 ***	2.2896 ***
	(15.02)	(15.03)
Lash	-0.0168 ***	-0.0167 ***
	(-12.13)	(-12.12)
Constant	3.3553 ***	3.3955 ***
	(8.09)	(8.17)
Year	Yes	Yes
Industry	Yes	Yes

变量	（1）	（2）
Number of obs	21840	21840
R^2	0.4205	0.4205
F	439.3966	427.6327
P	0.0000	0.0000

注：表中数据为各自变量的回归系数，括号内的数值为 t 值；***、**、* 分别表示 1%、5% 和 10% 的显著性水平。

表 5-6 报告了营商环境对产业政策实施效果的影响。研究发现，营商环境与产业政策变量的交乘项系数显著为正，说明营商环境越完善，越能提高产业政策对企业创新的促进作用。营商环境好的地区，政策公开公平公正，政府行政干预程度较低、廉洁效率较高。廉洁高效的政府，一方面会为辖区企业提供良好的营商环境，支持企业发展；另一方面，也会高效率地完成中央政府的目标。当前，中央大力推行产业政策的部分目标是鼓励企业创新、发展先进生产力、优化产业结构等，中央推行的产业政策要依靠各职能部委或地方政府负责落实实施。营商环境好的地区，地方政府会积极完成中央政府的政策目标，提升产业政策的实施效果。

表 5-6　营商环境、产业政策与企业创新投入的回归结果

变量	（1）	（2）
IP	0.2492 ***	-2.6989 ***
	(4.88)	(-4.48)
Envir	0.7631 ***	0.2688
	(4.08)	(1.27)
IP * Envir		0.9253 ***
		(4.91)

续表

变量	（1）	（2）
Size	− 0. 0645 *** （ − 3. 56）	− 0. 0643 *** （ − 3. 55）
Lev	− 2. 1596 *** （ − 19. 84）	− 2. 1518 *** （ − 19. 78）
Age	− 0. 1166 *** （ − 31. 55）	− 0. 1165 *** （ − 31. 55）
Cash	2. 3055 *** （15. 08）	2. 3217 *** （15. 19）
Lash	− 0. 0171 *** （ − 12. 29）	− 0. 0170 *** （ − 12. 24）
Constant	1. 0176 （1. 43）	2. 5913 *** （3. 33）
Year	Yes	Yes
Industry	Yes	Yes
Number of obs	21716	21716
R^2	0. 4206	0. 4212
F	437. 1360	426. 4269
P	0. 0000	0. 0000

注：表中数据为各自变量的回归系数，括号内的数值为 t 值；*** 、** 、* 分别表示 1% 、5% 和 10% 显著性水平。

七　进一步分析：产业政策对企业创新投入融资的影响

融资也是影响企业创新的关键因素，因此，本章也进一步考察了产业政策对企业创新投入融资的影响、地方政府干预对产业政策与企业创新投入融资关系的影响。企业创新需要充足的资源支持，资金供给如果不稳定，可能导致创新中断。因此，融资问题是企业创新所面临的关键问题之一。企业创新的资金来源之一是企业内部经营所产生的现金流，但是，对于很多企业来说，由于经济周期的波动和自身的经营情况的变动，企业内部产生的现金流可能不足以支持企业持续稳定地进行创新，因此，外部融资获取是影响企业创新的重要因素。在我国，银行信贷是企业获取外部融资的主要渠道，尽管银行业的市场化改革降低了地方政府对银行业的干预，但是在财政分权和政治集权的体制下，为了获得政治晋升，地方官员会利用银行业市场化改革中的不足，干预信贷资源的配置，促使银行为短期内能够带来较高回报和增加税收的项目提供信贷支持，对风险高的创新项目则支持不足，这降低了企业创新融资获取机会，抑制企业创新。表5-7 报告了市场化进程对产业政策和企业创新融资关系的影响，结果发现 $R\&D * IP$ 系数显著为正，说明产业政策的实施能够帮助创新企业获得更多的外部融资，产业政策影响企业创新投入的路径既包括提高企业创新动力，也包括影响企业创新融资的获取。$IP * R\&D * Marindex$ 系数显著为正，表明市场化程度越高，地方政府对信贷资源配置干预程度越低，越有助于企业获取外部融资，从而促进企业创新投入。此外，控制变量回归结果显示，企业规模与外部融资的回归系数显著为正，表明规模越大的企业，越容易获取外部融资。企业固定资产占比与外部融资显著正相关，表明企业资产抵押价值越高，越容易获得外部融资。

表5-7　市场化进程、产业政策和企业创新投入融资的回归结果

变量	(1)	(2)	(3)
R&D	- 0.0055 ***	- 0.0067 ***	- 0.0011
	(- 16.65)	(- 10.31)	(- 0.33)

续表

变量	(1)	(2)	(3)
IP		0.0100 ***	0.0426 ***
		(3.34)	(4.10)
Marindex		−0.0071 ***	−0.0055 ***
		(−10.71)	(−5.08)
R&D * IP		0.0018 **	−0.0119 ***
		(2.52)	(−3.26)
IP * Marindex			−0.0046 ***
			(−3.25)
R&D * Marindex			−0.0007 *
			(−1.85)
IP * R&D * Marindex			0.0018 ***
			(3.86)
Size	0.0290 ***	0.0295 ***	0.0296 ***
	(32.76)	(33.30)	(33.35)
Tangible	0.2357 ***	0.2291 ***	0.2291 ***
	(33.59)	(32.65)	(32.60)
State	−0.0003	−0.0039 *	−0.0044 *
	(−0.15)	(−1.72)	(−1.93)
Constant	−0.4043 ***	−0.3600 ***	−0.3733 ***
	(−19.31)	(−16.99)	(−16.97)
Year	Yes	Yes	Yes
Industry	Yes	Yes	Yes
Number of obs	20212	20212	20212
R^2	0.2707	0.2764	0.2774
F	226.9685	214.0660	198.5337
P	0.0000	0.0000	0.0000

注：表中数据为各自变量的回归系数，括号内的数值为 t 值；*** 、** 、* 分别表示 1% 、5% 和 10% 的显著性水平。

表 5 - 8 报告了地方经济增长压力对产业政策和企业创新融资关系的影响,研究发现,$IP * R\&D * Pressure$ 系数显著为正,说明地方经济增长压力越轻,产业政策对企业创新融资的促进作用越明显。研究结果表明,经济发展水平较低地区的地方官员,在经济增长和政绩考核压力下,具有较强的动机干预辖区经济,为短期内能实现经济快速增长、增加税收的项目提供融资支持,而对风险高、回报期较长的创新项目支持不足,这降低了企业的创新动力。经济发展水平较高的地区,地方官员为地方经济增长、进而实现政治晋升而干预辖区经济的动力相对较弱,降低了信贷资源配置的扭曲程度,提高了信贷资源配置效率,增加了创新企业信贷资源获取,促进了企业创新投入。

表 5 - 8　地区增长压力、产业政策和企业创新投入融资的回归结果

自变量	系数	标准误	t - value	P - value
$R\&D$	- 0.0066	0.0009	- 7.48	0.000
IP	0.0136	0.0036	3.77	0.000
$Pressure$	- 0.0148	0.0035	- 4.16	0.000
$R\&D * IP$	0.0003	0.0009	0.34	0.736
$IP * Pressure$	- 0.0089	0.0048	- 1.86	0.063
$R\&D * Pressure$	- 0.0008	0.0012	- 0.72	0.473
$IP * R\&D * Pressure$	0.0033	0.0013	2.48	0.013
$Size$	0.0295	0.0009	33.13	0.000
$Tangible$	0.2304	0.0070	32.77	0.000
$State$	- 0.0020	0.0023	- 0.88	0.380
$Constant$	- 0.4004	0.0209	- 19.09	0.000
$Year$	Yes			
$Industry$	Yes			
$Number\ of\ obs$	20212			
R^2	0.2751			
F	196.30			
P	0.0000			

表 5 - 9 报告了营商环境对产业政策和企业创新投入融资关系的影响，研究发现，$IP * R\&D * Envir$ 与企业创新融资的回归系数显著为正，表明地区营商环境越完善，政府廉洁效率程度越高，政府行政干预程度越低，越有助于产业政策的推动和实施，产业政策目标越能够得到很好的实现，更有助于创新企业获取更多的外部融资，提高企业创新投入水平。

表 5 - 9　营商环境、产业政策和企业创新投入融资的回归结果

自变量	系数	标准误	t - value	P - value
Inno	- 0.0080	0.0107	- 0.75	0.451
IP	0.1378	0.0452	3.05	0.002
Envir	- 0.0853	0.0126	- 6.76	0.000
R&D * IP	- 0.0188	0.0122	- 1.54	0.124
IP * Envir	- 0.0409	0.0143	- 2.85	0.004
R&D * Envir	0.0003	0.0034	0.10	0.923
IP * R&D * Envir	0.0066	0.0039	1.71	0.087
Size	0.0295	0.0009	33.10	0.000
Tangible	0.2297	0.0070	32.62	0.000
State	- 0.0018	0.0023	- 0.80	0.423
Constant	- 0.13844	0.0443	- 3.13	0.002
Year	Yes			
Industry	Yes			
Number of obs	20088			
R^2	0.2770			
F	196.92			
P	0.0000			

第四节

本章小结

　　本章结合中国转型期的经济分权和政治集权制度背景，考察了产业政策实施对企业创新投入的影响，并选择中国 A 股上市公司为样本，实证检验了产业政策实施对企业创新投入的影响。研究发现，产业政策实施提高了企业创新投入，但是地方政府干预限制了产业政策对企业创新投入的促进作用。本章的研究结论为评价产业政策的效果提供了来自微观实体企业的证据，丰富了企业创新的研究文献，同时也为相关部门就完善我国产业政策、促进企业创新、推动产业升级、保持经济持续健康发展提出了有价值的建议。

第六章

总　结

本书上述章节对供给侧结构性改革背景下中国企业创新影响因素进行了研究，并基于我国非金融类 A 股上市公司数据，对宏观因素如营商环境和产业政策、微观因素如混合所有制和薪酬激励与企业创新产出和投入的关系进行了实证检验。本章对全书进行总结，具体包括三个内容：本书的研究结论和启示、本书的研究不足之处以及未来的研究方向。

第一节

本书的研究结论和启示

一 本书的主要研究结论

改革开放以来，我国经济取得了数十年的高速增长，该经济增长成绩堪称世界奇迹。但是，中国经济高速增长主要依赖人口红利等低成本优势和资源的高投入，这种粗放型增长模式带来的环境污染、增长不可持续性等问题日益突出，改变增长模式、调整产业结构、促进产业升级已是当前经济改革的关键。创新是经济发展的引擎和动力来源，是一国生产率提高、经济长期增长和国家获得和保持竞争优势的基础。特别是中美贸易摩擦，使得关键核心领域技术突破成为提升企业和国家竞争力的重要基础。

十九大报告高度重视创新对我国的战略意义，强调"创新是引领发展的第一动力，是建设现代化经济体系的战略支撑"。特别是当前在中国经济已进入新常态形势下，创新是转变经济增长方式、推动产业升级的关键动因，也是实现十九大报告提出的"以供给侧结构性改革为主线，推动经济发展质量变革、效率变革、动力变革，提高全要素生产率"的前提和动力基础。因此，如何提高企业创新水平则是需要研究的重要问题。

本书结合我国转型期的制度背景特征，参考国内外相关研究成果，从宏观和微观视角来考察企业创新的影响因素，以期寻求促进企业创新水平的对策。具体来说，从宏观角度出发，本书考察了营商环境、产业政策对企业创新的影响。从微观视角而言，本书考察了混合所有制、薪酬激励对企业创新的影响。研究发现：①完善的营商环境，将有助于提升市场竞争机制和价格机制作用的发挥，加大企业面临的竞争压力，促进企业建立和完善经营决策机制，提高经营决策质量。而且，营商环境越好，政府干预企业经营的动机相对越弱。此外，营商环境好的地区，法治较完善，既能保护企业知识产权，又能降低经理人的机会主义行为。因此，营商环境越完善，企业创新产出水平越高。②混合所有制促进了国有企业创新产出，即股东股份多元化能够显著地提升国有企业创新产出水平，而且对企业专利申请区分类别看，混合所有制对国有企业发明专利申请、实用新型专利申请、外观设计专利申请都有显著的促进作用。与集体股东和私有股东相比，外资股东更能推动国有企业创新产出。此外，混合所有制对中央国企创新产出的促进作用更为显著。③业绩薪酬导致管理层短期视野，抑制了企业创新产出。而且，业绩薪酬对发明专利和实用新型专利的抑制作用更为显著。进一步研究发现，业绩薪酬对企业创新产出具有抑制作用，对非国有企业样本更为明显；企业内部管理层与员工之间的薪酬差距与企业创新投入呈现倒 U 形关系，即当管理层与员工之间的薪酬差距在较低水平时，薪酬差距能够发挥锦标赛激励作用，促进企业的创新投入，当管理层与员工之间的薪酬差距超过一定水平时，则会增加员工的不公平感，抑制企业创新投入。进一步研究发现，在那些平均薪酬水平较高的企业，员工能够容忍较高的薪酬差距。④产业政策能够促进企业创新投入。进一步研究发现，地方政府干预抑制了产业政策作用的发挥，地方政府干预既抑制了产业政策对企业创新投入的影响，也抑制了产业政策对企业创新投入融资获取的影响。

二　研究启示

基于综上研究发现，本书认为要提升中国企业创新水平，关键是要从宏观和微观角度进行系统改革，政府要致力于完善企业营商环境、提高产业政策效果、深化混合所有制改革、健全企业薪酬激励机制，从而促进企业创新。具体来说，本书得到如下启示。

（1）政府应采取切实有力的措施完善营商环境、健全市场机制，提高市场机制对企业资本配置的引导作用。应理顺政府与市场的关系，清晰界定政府与市场的职责与分工，明确市场机制在资源配置中的主导作用，降低政府对市场和企业的行政干预程度，提升政府的廉洁程度，完善企业经营的法治环境。继续加强和完善对私人权益保护的法律法规建设，做到有法可依。同时，也应提高法律法规的执行水平和执行力度，切实保护企业股东的利益，提高股东投资的积极性，提高企业决策水平和质量；应大力发展多层次的资本市场，提高金融服务水平，降低企业融资成本。融资是影响企业创新的重要因素，融资获取困难往往导致企业创新不足，影响企业正常发展。因此，应大力发展多层次资本市场，为各类企业创新提供合适的融资渠道，减轻企业融资约束，缓解企业创新不足问题。

（2）应继续推进和加深国有企业混合所有制改革，引入非国有股东，完善公司治理，抑制内部人控制问题，降低逆向选择和道德风险行为，促进企业按照市场导向开展技术创新活动。另外，不同类型的非国有股东在混合所有制中发挥的作用存在差异，因此应重点发挥民营资本和外资资本的作用。民营资本的成长，经历了市场化改革的洗礼，所有权与控制权较为统一，有动力促进参股国有企业的公司治理改革和机制完善，推动市场力量在国有企业决策中的引导作用，提升企业创新水平。外资资本，能够通过公司治理作用和技术外溢效应，提升参股国有企业的创新水平，因此，接下来应适当加大外资资本参股混合所有制的程度，但在选择外资股东的时候，应区分战略投资者与财务投资者，合理确定外资资本的参股比例。此外，混合所有制对中央国企创新的作用要明显大于对地方国企创新的作用，因此，接下来应深化对中央国企的所有制改革。特别是在当前大力推动企业创新、促进产业升级、转变经济增长模式和寻求新的经济增长源泉的背景下，推动中央国企的混合所有制改革、强化中央国企的股权制衡，对提升中央国企的技术创新水平具有明显的意义。

（3）不同的薪酬激励方案带给管理层不同的激励效果和行为方式，管理层的决策行为是对薪酬制度安排的一种反映，所以在转变经济增长模式、大力促进企业创新、推动经济持续健康发展的形势下，微观上要注重管理层薪酬激励的作用，在制定政策时要将管理层激励引入分析模型和框架中来。具体来说，在制定管理层薪酬考核方案时，不能一味地强调会计业绩，也应将非财务指标如创新等引入薪酬考核方案中来，将管理层自身利益与企业创新联系起来，激励管理层的创新主观能动性，进而提升企业的竞争力、推动经济发展方式转型。

（4）应适当拉大管理层与员工的薪酬差距，发挥薪酬差距的锦标赛作用，激励管理层和员工努力工作，促进企业创新。但是，当管理层与员工之间的薪酬差距过大时，会带来员工的不公平感，降低组织内的合作，抑制企业创新。所以，企业在设计薪酬契约时，应合理设计管理层和员工之间的薪酬差距，激励管理层和员工的积极性，降低薪酬差距带来的不公平感，提升企业的创新水平。

（5）应充分发挥产业政策对企业创新的促进作用。产业政策有助于为企业创新提供资源支持，也有助于形成竞争机制激励企业创新，因此，应大力推进产业政策实施，发挥产业政策对企业创新的激励作用。此外，要对现行的地方官员激励制度进行改革，完善地方政府官员的考核机制，减少政府对企业的干预，引导地方政府官员追求长期激励，注重辖区内企业的长期成长，创造有利于地方官员切实落实产业政策的制度机制。

第二节

本书的研究不足之处

本书在研究过程中，采用了较为科学的研究方法，对供给侧结构性改革背景下中国企业创新问题进行了科学研究，得到了一些具有理论意义和实践价值的结论。但是，本书仍存在一些不足之处。

首先，本书研究中关注了部分宏微观因素对企业创新的作用，并进行了理论分析和实证检验。但是，企业创新的影响动因问题是一个系统性的课题，因此，对企业创新的研究，应综合考虑系统性因素、进行全方位研究。

其次，样本来源。本书研究过程中，样本来源仅为我国非金融类 A 股上市公司。上市公司与非上市公司是否存在差异，仍有待进一步考察。

再次，本书衡量企业创新产出的变量为企业专利申请数量，衡量企业创新投入的变量是企业研发投入。企业创新产出和投入是企业创新实力的综合体现，包括多方面的维度，因此，未来研究应采用更为全面的变量来衡量企业创新产出和投入。

最后，本书的另一不足之处是对产业政策的衡量。本书借鉴已有研究方法对国家产业政策实施进行了度量。但是，国家产业政策的实施程度，每个行业、每个企业都会存在一定的差异，因此，未来研究应从这些差异入手，更为准确地衡量产业政策的实施程度。

第三节

未来的研究方向

第一，提升我国企业创新水平需要系统性地从多方面努力，本书只关注了部分宏观和微观因素对我国企业创新的影响。未来的研究中，作者将继续关注其他影响企业创新的宏微观因素，以期更为全面地了解影响我国企业创新的因素，寻求加大促进企业创新的路径。

第二，本书研究样本是上市公司，未来的研究对象将扩大到对整个中国企业的研究，以增强研究结论的一般性。

第三，本书用企业专利申请数量衡量企业创新产出，使用企业研发投入衡量企业创新投入，未来的研究将采用更为科学的方法，综合衡量和评价企业创新投入和产出水平，以期得到更为稳健的研究结论。

参考文献

白俊、孟庆玺、申艳艳：《外资银行进入促进了本土企业创新吗?》,《会计研究》2018 年第 11 期。

白重恩、路江涌、陶志刚：《国有企业改制效果的实证研究》,《经济研究》2006 年第 8 期。

北京大学中国经济研究中心宏观组：《产权约束、投资低效与通货紧缩》,《经济研究》2004 年第 9 期。

步丹璐、白晓丹：《员工薪酬、薪酬差距和员工离职》,《中国经济问题》2013 年第 1 期。

蔡贵龙、郑国坚、马新啸、卢锐：《国有企业的政府放权意愿与混合所有制改革》,《经济研究》2018 年第 9 期。

曹春方：《政治权力转移与公司投资：中国的逻辑》,《管理世界》2013 年第 1 期。

陈传明、孙俊华：《企业家人口背景特征与多元化战略选择——基于中国上市公司面板数据的实证研究》,《管理世界》2008 年第 5 期。

陈德球、陈运森：《政府治理、终极产权与公司投资同步性》,《管理评论》2013 年第 1 期。

陈德球、李思飞、钟昀珈：《政府质量、投资与资本配置效率》,《世界经济》2012 年第 3 期。

陈冬华、陈信元、万华林:《国有企业中的薪酬管制与在职消费》,《经济研究》2005 年第 2 期。

陈冬华、范从来、沈永建、周亚虹:《职工激励、工资刚性与企业绩效——基于国有非上市公司的经验证据》,《经济研究》2010 年第 7 期。

陈冬华、李真、新夫:《产业政策与公司融资——来自中国的经验证据》,《2010 中国会计与财务研究国际研讨会论文集》,2010。

陈冬华、姚振晔:《政府行为必然会提高股价同步性吗?——基于我国产业政策的实证研究》,《经济研究》2018 年第 12 期。

陈林:《自然垄断与混合所有制改革——基于自然实验与成本函数的分析》,《经济研究》2018 年第 1 期。

陈钦源、马黎珺、伊志宏:《分析师跟踪与企业创新绩效——中国的逻辑》,《南开管理评论》2017 年第 3 期。

陈思、何文龙、张然:《风险投资与企业创新:影响和潜在机制》,《管理世界》2017 年第 1 期。

陈艳:《宏观经济环境、投资机会与公司投资效率》,《宏观经济研究》2013 年第 8 期。

陈玉罡、蔡海彬、刘子健、程瑜:《外资并购促进了科技创新吗?》,《会计研究》2015 年第 9 期。

程仲鸣、夏新平、余明桂:《政府干预、金字塔结构与地方国有上市公司投资》,《管理世界》2008 年第 9 期。

代永华:《中国产业结构政策:绩效分析与方向选择》,《东南学术》2002 年第 4 期。

戴翔、金碚:《服务贸易进口技术含量与中国工业经济发展方式转变》,《管理世界》,2013 年第 9 期。

戴小勇、成力为：《产业政策如何更有效：中国制造业生产率与加成率的证据》，《世界经济》2019 年第 3 期。

董晓庆、赵坚、袁朋伟：《国有企业创新效率损失研究》，《中国工业经济》2014 年第 2 期。

杜胜利、翟艳玲：《总经理年度报酬决定因素的实证分析——以我国上市公司为例》，《管理世界》2005 年第 8 期。

方军雄：《我国上市公司高管的薪酬存在粘性吗?》，《经济研究》2009 年第 3 期。

方明月、孙鲲鹏：《国企混合所有制能治疗僵尸企业吗？——一个混合所有制类啄序逻辑》，《金融研究》2019 年第 1 期。

冯飞鹏：《产业政策、信贷配置与创新效率》，《财经研究》2018 年第 7 期。

顾夏铭、陈勇民、潘士远：《经济政策不确定性与创新——基于我国上市公司的实证分析》，《经济研究》2018 年第 2 期。

韩朝华：《明晰产权与规范政府》，《经济研究》2003 年第 2 期。

韩乾、洪永淼：《国家产业政策、资产价格与投资者行为》，《经济研究》2014 年第 12 期。

郝项超、梁琪、李政：《融资融券与企业创新：基于数量与质量视角的分析》，《经济研究》2018 年第 6 期。

郝云宏、汪茜：《混合所有制企业股权制衡机制研究——基于"鄂武商控制权之争"的案例解析》，《中国工业经济》2015 年第 3 期。

何冰、刘钧霆：《非正规部门的竞争、营商环境与企业融资约束——基于世界银行中国企业调查数据的经验研究》，《经济科学》2018 年第 2 期。

胡吉祥、童英、陈玉宇：《国有企业上市对绩效的影响：一种处理效应方法》，《经济学（季刊）》2011 年第 3 期。

胡一帆、宋敏、张俊喜：《中国国有企业民营化绩效研究》，《经济研究》2006 年第 7 期。

黄海杰、吕长江、朱晓文：《二代介入与企业创新——来自中国家族上市公司的证据》，《南开管理评论》2018 年第 1 期。

黄宇虹、黄霖：《金融知识与小微企业创新意识、创新活力——基于中国小微企业调查（CMES）的实证研究》，《金融研究》2019 年第 4 期。

姬新龙、马宁：《混合所有制改革、产权性质与企业风险变化》，《北京理工大学学报（社会科学版）》2019 年第 2 期。

贾俊生、伦晓波、林树：《金融发展、微观企业创新产出与经济增长——基于上市公司专利视角的实证分析》，《金融研究》2017 年第 1 期。

江飞涛、李晓萍：《直接干预市场与限制竞争：中国产业政策的取向与根本缺陷》，《中国工业经济》2010 年第 9 期。

江轩宇：《政府放权与国有企业创新——基于地方国企金字塔结构视角的研究》，《管理世界》2016 年第 9 期。

江轩宇、申丹琳、李颖：《会计信息可比性影响企业创新吗》《南开管理评论》2017 年第 4 期。

姜国华、饶品贵：《宏观经济政策与微观企业行为——拓展会计与财务研究新领域》，《会计研究》2011 年第 3 期。

姜军、申丹琳、江轩宇、伊志宏：《债权人保护与企业创新》，《金融研究》2017 年第 11 期。

姜英兵、于雅萍：《谁是更直接的创新者？——核心员工股权激励与企业创新》，《经济管理》2017 年第 3 期。

解维敏：《混合所有制与国有企业研发投入研究》，《系统工程理论与实践》2019 年第 4 期。

解维敏：《市场化进程对企业家创新精神的影响研究——基于我国非金融类上市公司的经验证据》，《财经问题研究》2016 年第 12 期。

解维敏：《业绩薪酬对企业创新影响的实证研究》，《财贸经济》2018 年第 9 期。

解维敏、方红星：《金融发展、融资约束与企业研发投入》，《金融研究》2011 年第 5 期。

金宇超、施文、唐松、靳庆鲁：《产业政策中的资金配置：市场力量与政府扶持》，《财经研究》2018 年第 4 期。

孔东民、徐茗丽、孔高文：《企业内部薪酬差距与创新》，《经济研究》2017 年第 10 期。

黎文飞、巫岑：《产业政策与会计稳健性》，《会计研究》2019 年第 1 期。

黎文靖、岑永嗣、胡玉明：《外部薪酬差距激励了高管吗——基于中国上市公司经理人市场与产权性质的经验研究》，《南开管理评论》2014 年第 4 期。

黎文靖、胡玉明：《国企内部薪酬差距激励了谁?》，《经济研究》2012 年第 12 期。

黎文靖、李耀淘：《产业政策激励了公司投资吗》，《中国工业经济》2014 年第 5 期。

黎文靖、郑曼妮：《何去何从：贸易保护还是开放竞争？——来自微观企业创新的证据》，《财经研究》2018 年第 3 期。

黎文靖、郑曼妮：《实质性创新还是策略性创新？——宏观产业政策对微观企业创新的影响》，《经济研究》2016 年第 4 期。

李春涛、宋敏：《中国制造业企业的创新活动：所有制和CEO激励的作用》，《经济研究》2010年第5期。

李飞、陈岩、张李叶子：《海外并购整合、网络嵌入均衡与企业创新质量》，《科研管理》2019年第2期。

李宏彬、李杏、姚先国、张海峰、张俊森：《企业家的创业与创新精神对中国经济增长的影响》，《经济研究》2009年第10期。

李建标、王高阳、李帅琦、殷西乐：《混合所有制改革中国有和非国有资本的行为博弈——实验室实验的证据》，《中国工业经济》2016年第6期。

李军林、万燕鸣、张英杰：《双重激励下的组织行为——一个关于国有企业（SOEs）的理论》，《经济学动态》2011年第1期。

李莉、顾春霞、于嘉懿：《高管政治晋升对国有企业创新投资的影响研究——基于监管独立性和市场化进程的双重探讨》，《科学学研究》2018年第2期。

李文贵、邵毅平：《产业政策与民营企业国有化》，《金融研究》2016年第9期。

李文贵、余明桂：《民营化企业的股权结构与企业创新》，《管理世界》2015年第4期。

李延喜、曾伟强、马壮、陈克兢：《外部治理环境、产权性质与上市公司投资效率》，《南开管理评论》2015年第1期。

连立帅、陈超、白俊：《产业政策与信贷资源配置》，《经济管理》2015年第12期。

连立帅、陈超、米春蕾：《吃一堑会长一智吗？——基于金融危机与经济刺激政策影响下企业绩效关联性的研究》，《管理世界》2016年第4期。

梁上坤、张宇、王彦超：《内部薪酬差距与公司价值——基于生命周期理论的新探索》，《金融研究》2019 年第 4 期。

林毅夫：《发展战略、自生能力和经济收敛》，《经济学（季刊）》2002 年第 1 期。

刘宝华、王雷：《业绩型股权激励、行权限制与企业创新》，《南开管理评论》2018 年第 1 期。

刘波、李志生、王泓力、杨金强：《现金流不确定性与企业创新》，《经济研究》2017 年第 3 期。

刘春、孙亮：《薪酬差距与企业绩效：来自国企上市公司的经验证据》，《南开管理评论》2010 年第 2 期。

刘刚、梁晗、殷建瓴：《风险投资声誉、联合投资与企业创新绩效——基于新三板企业的实证分析》，《中国软科学》2018 年第 12 期。

刘海明、曹廷求：《信贷供给周期对企业投资效率的影响研究——兼论宏观经济不确定条件下的异质性》，《金融研究》2017 年第 12 期。

刘汉民、齐宇、解晓晴：《股权和控制权配置：从对等到非对等的逻辑——基于央属混合所有制上市公司的实证研究》，《经济研究》2018 年第 5 期。

刘军、付建栋：《营商环境优化、双重关系与企业产能利用率》，《上海财经大学学报》2019 年第 4 期。

刘思彤、张启銮、李延喜：《高管内部薪酬差距能否抑制企业风险承担?》，《科研管理》2018 年第 S1 期。

刘小玄：《民营化改制对中国产业效率的效果分析——2001年全国普查工业数据的分析》，《经济研究》2004 年第 8 期。

刘晔、张训常、蓝晓燕：《国有企业混合所有制改革对全要素生产率的影响——基于 PSM – DID 方法的实证研究》，《财政研究》2016 年第 10 期。

刘银国、孙慧倩、王烨、古柳：《业绩型股权激励与盈余管理方式选择》，《中国管理科学》2017 年第 3 期。

卢建词、姜广省：《混合所有制与国有企业现金股利分配》，《经济管理》2018 年第 2 期。

罗宏、秦际栋：《国有股权参股对家族企业创新投入的影响》，《中国工业经济》2019 年第 7 期。

罗能生、徐铭阳、王玉泽：《空气污染会影响企业创新吗?》，《经济评论》2019 年第 1 期。

马红、侯贵生：《混合所有制改革、地方国企依赖与国有企业创新升级——基于制造业的实证研究》，《上海财经大学学报》2019 年第 2 期。

马连福、王丽丽、张琦：《混合所有制的优序选择：市场的逻辑》，《中国工业经济》2015 年第 7 期。

毛其淋：《外资进入自由化如何影响了中国本土企业创新?》，《金融研究》2019 年第 1 期。

苗文龙、何德旭、周潮：《企业创新行为差异与政府技术创新支出效应》，《经济研究》2019 年第 1 期。

倪骁然、朱玉杰：《劳动保护、劳动密集度与企业创新——来自 2008 年〈劳动合同法〉实施的证据》，《管理世界》2016 年第 7 期。

牛建波、李胜楠、杨育龙、董晨悄：《高管薪酬差距、治理模式和企业创新》，《管理科学》2019 年第 2 期。

潘飞、石美娟、童卫华：《高级管理人员激励契约研究》，《中国工业经济》2006 年第 3 期。

潘红玉、吕文栋、贺正楚、陈文俊、周建军：《专利视角的我国生物医药产业的技术创新》，《科学决策》2017 年第 4 期。

潘健平、潘越、马奕涵：《以"合"为贵？合作文化与企业创新》，《金融研究》2019 年第 1 期。

皮建才、赵润之：《国有企业混合所有制改革与民营企业过度进入——一个基于中国式上下游关系的分析框架》，《中国经济问题》2019 年第 2 期。

蒲艳萍、顾冉：《劳动力工资扭曲如何影响企业创新》，《中国工业经济》2019 年第 7 期。

祁怀锦、李晖、刘艳霞：《政府治理、国有企业混合所有制改革与资本配置效率》，《改革》2019 年第 7 期。

祁怀锦、刘艳霞、王文涛：《国有企业混合所有制改革效应评估及其实现路径》，《改革》2018 年第 9 期。

綦好东、郭骏超、朱炜：《国有企业混合所有制改革：动力、阻力与实现路径》，《管理世界》2017 年第 10 期。

钱爱民、张晨宇、步丹璐：《宏观经济冲击、产业政策与地方政府补助》，《产业经济研究》2015 年第 5 期。

钱书法、周绍东：《分享型劳资关系与增长方式转变——基于江苏省私营经济的分析》，《马克思主义研究》2007 年第 10 期。

权小锋、尹洪英：《中国式卖空机制与公司创新——基于融资融券分步扩容的自然实验》，《管理世界》2017 年第 1 期。

沈昊、杨梅英：《国有企业混合所有制改革模式和公司治理——基于招商局集团的案例分析》，《管理世界》2019 年第 4 期。

舒锐：《产业政策一定有效吗？——基于工业数据的实证分析》，《产业经济研究》2013 年第 3 期。

宋凌云、王贤彬：《重点产业政策、资源重置与产业生产率》，《管理世界》2013 年第 12 期。

孙莹：《我国创新税收激励政策发展沿革及特征研究》，《科技管理研究》2015 年第 17 期。

谭洪涛、袁晓星、杨小娟：《股权激励促进了企业创新吗？——来自中国上市公司的经验证据》，《研究与发展管理》2016 年第 2 期。

唐清泉、甄丽明：《管理层风险偏爱、薪酬激励与企业 R & D 投入——基于我国上市公司的经验证据》，《经济管理》2009 年第 5 期。

唐雪松、周晓苏、马如静：《政府干预、GDP 增长与地方国企过度投资》，《金融研究》2010 年第 8 期。

唐跃军、左晶晶：《所有权性质、大股东治理与公司创新》，《金融研究》2014 年第 6 期。

万良勇、陈馥爽、饶静：《地区腐败与企业投资效率——基于中国上市公司的实证研究》，《财政研究》2015 年第 5 期。

王桂军、卢潇潇：《"一带一路"倡议与中国企业升级》，《中国工业经济》2019 年第 3 期。

王会娟、张然：《私募股权投资与被投资企业高管薪酬契约》，《管理世界》2012 年第 9 期。

王金杰、郭树龙、张龙鹏：《互联网对企业创新绩效的影响及其机制研究——基于开放式创新的解释》，《南开经济研究》2018 年第 6 期。

王克敏、刘静、李晓溪：《产业政策、政府支持与公司投资效率研究》，《管理世界》2017 年第 3 期。

王砾、孔东民、代昀昊：《官员晋升压力与企业创新》，《管理科学学报》2018 年第 1 期。

王小鲁、樊纲、马光荣：《中国分省企业经营环境指数 2017

年报告》，社会科学文献出版社，2017。

王小鲁、樊纲、余静文：《中国分省份市场化指数报告（2016）》，社会科学文献出版社，2017。

王艳：《混合所有制并购与创新驱动发展——广东省地方国企"瀚蓝环境"2001～2015 年纵向案例研究》，《管理世界》2016 年第 8 期。

王永进、冯笑：《行政审批制度改革与企业创新》，《中国工业经济》2018 年第 2 期。

王永钦、李蔚、戴芸：《僵尸企业如何影响了企业创新？——来自中国工业企业的证据》，《经济研究》2018 年第 11 期。

王永钦、张晏、章元、陈钊、陆铭：《中国的大国发展道路——论分权式改革的得失》，《经济研究》2007 年第 1 期。

王玉泽、罗能生、刘文彬：《什么样的杠杆率有利于企业创新》，《中国工业经济》2019 年第 3 期。

吴超鹏、唐菂：《知识产权保护执法力度、技术创新与企业绩效——来自中国上市公司的证据》，《经济研究》2016 年第 11 期。

吴敬琏、张军扩、刘世锦：《国有经济的战略性改组》，中国发展出版社，1998。

吴静桦、邹梓叶、王红建：《产业政策与集团公司债务分布》，《财经研究》2019 年第 4 期。

吴延兵：《市场结构、产权结构与 R & D——中国制造业的实证分析》，《统计研究》2007 年第 5 期。

吴延兵：《中国哪种所有制类型企业最具创新性？》，《世界经济》2012 年第 6 期。

吴育辉、吴世农：《企业高管自利行为及其影响因素研究——基于我国上市公司股权激励草案的证据》，《管理世界》2010 年第 5 期。

夏后学、谭清美、白俊红：《营商环境、企业寻租与市场创新——来自中国企业营商环境调查的经验证据》，《经济研究》2019 年第 4 期。

辛清泉、林斌、王彦超：《政府控制、经理薪酬与资本投资》，《经济研究》2007 年第 8 期。

辛清泉、谭伟强：《市场化改革、企业业绩与国有企业经理薪酬》，《经济研究》2009 年第 11 期。

徐二明、张晗：《中国上市公司国有股权对创新战略选择和绩效的影响研究》，《管理学报》2011 年第 2 期。

徐飞：《银行信贷与企业创新困境》，《中国工业经济》2019 年第 1 期。

徐高彦、曹俊颖、陶颜、李佳馨：《高管－员工薪酬差距、资产紧缩策略与危机企业反转》，《会计研究》2018 年第 10 期。

杨婵、贺小刚、朱丽娜、王博霖：《垂直薪酬差距与新创企业的创新精神》，《财经研究》2017 年第 7 期。

杨道广、陈汉文、刘启亮：《媒体压力与企业创新》，《经济研究》2017 年第 8 期。

杨继东、罗路宝：《产业政策、地区竞争与资源空间配置扭曲》，《中国工业经济》2018 年第 12 期。

杨鸣京、程小可、钟凯：《股权质押对企业创新的影响研究——基于货币政策不确定性调节效应的分析》，《财经研究》2019 年第 2 期。

杨瑞龙、王元、聂辉华：《"准官员"的晋升机制：来自中国央企的证据》，《管理世界》2013 年第 3 期。

杨薇、孔东民：《企业内部薪酬差距与人力资本结构调整》，

《金融研究》2019 年第 6 期。

杨薇、徐茗丽、孔东民：《企业内部薪酬差距与盈余管理》，《中山大学学报（社会科学版）》2019 年第 1 期。

杨兴全、李文聪、尹兴强：《多元化经营对企业创新的"双重"影响研究》，《财经研究》2019 年第 8 期。

杨志强、李增泉：《混合所有制、环境不确定性与投资效率——基于产权专业化视角》，《上海财经大学学报》2018 年第 2 期。

杨志强、石水平、石本仁、曹鑫雨：《混合所有制、股权激励与融资决策中的防御行为——基于动态权衡理论的证据》，《财经研究》2016 年第 8 期。

伊志宏、申丹琳、江轩宇：《分析师乐观偏差对企业创新的影响研究》，《管理学报》2018 年第 3 期。

殷军、皮建才、杨德才：《国有企业混合所有制的内在机制和最优比例研究》，《南开经济研究》2016 年第 1 期。

余明桂、钟慧洁、范蕊：《民营化、融资约束与企业创新——来自中国工业企业的证据》，《金融研究》2019 年第 4 期。

曾庆生：《国家控股、超额雇员与公司价值——一项基于中国证券市场的实证检验》，上海财经大学博士学位论文，2004。

张春霖：《从融资角度分析国有企业的治理结构改革》，《改革》1995 年第 3 期。

张辉、黄昊、闫强明：《混合所有制改革、政策性负担与国有企业绩效——基于 1999～2007 年工业企业数据库的实证研究》，《经济学家》2016 年第 9 期。

张健、鲁晓东：《产业政策是否促进了中国企业出口转型升级》，《国际贸易问题》2018 年第 5 期。

张杰：《进口对中国制造业企业专利活动的抑制效应研究》，

《中国工业经济》2015 年第 7 期。

张杰、郑文平、翟福昕：《竞争如何影响创新：中国情景的新检验》，《中国工业经济》2014 年第 11 期。

张军：《分权与增长——中国的故事》，《经济学（季刊）》2007 年第 1 期。

张乐、韩立岩：《混合所有制对中国上市银行不良贷款率的影响研究》，《国际金融研究》2016 年第 7 期。

张莉、朱光顺、李世刚、李夏洋：《市场环境、重点产业政策与企业生产率差异》，《管理世界》2019 年第 3 期。

张美莎、徐浩、冯涛：《营商环境、关系型借贷与中小企业技术创新》，《山西财经大学学报》2019 年第 2 期。

张鹏杨、徐佳君、刘会政：《产业政策促进全球价值链升级的有效性研究——基于出口加工区的准自然实验》，《金融研究》2019 年第 5 期。

张婷婷、张新民、陈德球：《产业政策、人才密度与企业创新效率——基于地区产业政策的视角》，《中山大学学报（社会科学版）》2019 年第 4 期。

张玮倩、方军雄、伍琼：《地区腐败与企业投资效率：投资不足还是投资过度?》，《经济问题》2016 年第 5 期。

张祥建、郭丽虹、徐龙炳：《中国国有企业混合所有制改革与企业投资效率——基于留存国有股控制和高管政治关联的分析》，《经济管理》2015 年第 9 期。

张晓亮、杨海龙、唐小飞：《CEO 学术经历与企业创新》，《科研管理》2019 年第 2 期。

张新民、张婷婷、陈德球：《产业政策、融资约束与企业投资效率》，《会计研究》2017 年第 4 期。

张璇、刘贝贝、汪婷、李春涛：《信贷寻租、融资约束与企业创新》，《经济研究》2017 年第 5 期。

张璇、张计宝、闫续文、李春涛：《"营改增"与企业创新——基于企业税负的视角》，《财政研究》2019 年第 3 期。

张亦春、周杰峰：《城镇化干预对企业投资效率的影响——来自中国上市公司的经验证据》，《厦门大学学报（哲学社会科学版）》2018 年第 3 期。

张正堂：《企业内部薪酬差距对组织未来绩效影响的实证研究》，《会计研究》2008 年第 9 期。

赵卿、曾海舰：《国家产业政策、信贷资源配置与企业业绩》，《投资研究》2016 年第 3 期。

赵睿：《高管－员工薪酬差距与企业绩效——基于中国制造业上市公司面板数据的实证研究》，《经济管理》2012 年第 5 期。

郑烨、吴建南、张攀：《简政放权、企业活力与企业创新绩效》，《科学学研究》2017 年第 11 期。

钟宁桦、温日光、刘学悦：《"五年规划"与中国企业跨境并购》，《经济研究》2019 年第 4 期。

钟昀珈、张晨宇、陈德球：《国企民营化与企业创新效率：促进还是抑制?》，《财经研究》2016 年第 7 期。

周冬华、黄佳、赵玉洁：《员工持股计划与企业创新》，《会计研究》2019 年第 3 期。

周黎安：《中国地方官员的晋升锦标赛模式研究》，《经济研究》2007 年第 7 期。

周黎安、罗凯：《企业规模与创新：来自中国省级水平的经验证据》，《经济学（季刊）》2005 年第 2 期。

周铭山、张倩倩：《"面子工程"还是"真才实干"? ——基于政治晋升激励下的国有企业创新研究》，《管理世界》2016 年第 12 期。

周其仁：《市场里的企业：一个人力资本与非人力资本的特别合约》，《经济研究》1996 年第 6 期。

朱冰、张晓亮、郑晓佳：《多个大股东与企业创新》，《管理世界》2018 年第 7 期。

朱德胜：《不确定环境下股权激励对企业创新活动的影响》，《经济管理》2019 年第 2 期。

Adams, J. S.. 1965. Inequity in Social Exchange. In Advances in Experimental Social Psychology, Berkowitz L (ed). Academic Press: New York.

Aggarwal, R., I. Ere, M. Ferreira and P. Matos. 2011. "Does Governance Travel Around the World? Evidence from Institutional Investors." *Journal of Financial Economics* 100 (1), pp. 154 – 181.

Aghion, P., and J. Tirole. 1994. "The Management of Innovation." *Quarterly Journal of Economics* 109, pp. 1185 – 1209.

Ahuja G, Lampert C, and Tandon V.. 2008. "Moving beyond Schumpeter: Management Research on the Determinants of Technological Innovation." *Academy of Management Annals* 2 (1), pp. 1 – 98.

Akerlof, G. A. and J. L. Yellen. 1986. Efficiency Wage Models of the Labor Market. Cambridge, England: Cambridge University Press.

Alchian, A. A., and Demsetz, H.. 1972. "Production, Information Costs and Economic Organization." *American Economic Review* 62, pp. 777 – 795.

Bai, C., and L. Xu. 2005. "Incentives for CEOs with Multitasks: Evidence from Chinese State – owned Enterprises. " *Journal of Comparative Economics* 33, pp. 517 – 539.

Balkin, D. , G. Markman, and L. G. Mejia. 2000. "Is CEO Pay in High Technology Firms Related to Innovation?" *Academy of Management Journal* 43 (6), pp. 1118 – 1129.

Berle, A. A. , and Means, G. C. 1932. The Modern Corporation and Private Property. New York: Macmillan.

Bloom, M. C.. 1999. "The Performance Effects of Pay Dispersion on Individuals and Organizations. " *Academy of Management Journal* 42 (1), pp. 25 – 40.

Bloom, M. , and Michel, J.. 2002. "The Relationship among Organizational Context, Pay Dispersion, and Management Turnover. " *Academy of Management Journal* 45 (1), pp. 33 – 42.

Bushman, R. M. , and Smith. A. J.. 2001. "Financial Accounting Information and Corporate Governance. " *Journal of Accounting and Economics* 32, pp. 237 – 333.

Chang, X. , K. Fu, A. Low, and W. Zhang. 2015. "Non – executive Employee Stock Options and Corporate Innovation. " *Journal of Financial Economics* 115 (1), pp. 168 – 188.

Claessens, S. , and L. Laeven. 2003. "Financial Development, Property Rights, and Growth. " *Journal of Finance* 58 (6), pp. 2401 – 2436.

Coles, J. L. , Daniel, N. D. and Naveen, L.. 2006. "Managerial Incentives and Risk Taking. " *Journal of Financial Economics* 79, pp. 431 – 468.

Collins, C. J. and Smith, K.. 2006. "Knowledge Exchange and

Combination: the Role of Human Resources Practices in the Performance of High – technology Firms. " *Academy of Management Journal* 49 (3), pp. 544 – 560.

Cowherd, D. and D. Levine. 1992. "Product Quality and Pay Equity between Lower – level Employees and Top Management: An Investigation of Distributive Justice Theory. " *Administrative Science Quarterly* 37 (2), pp. 302 – 320.

Dechow, P. , R. Sloan. 1991. "Executive Incentives and the Horizon Problem. " *Journal of Accounting and Economics* 14 (1), pp. 51 – 89.

Demirg̈uc – Kunt, A. , and Maksimovic, V. . 1998. "Law, Finance, and Firm Growth. " *Journal of Finance* 53 (6), pp. 2107 – 2137.

Dess, G. G. , and Shaw, J. D. . 2001. "Voluntary Turnover, Social Capital, and Organizational Performance. " *Academy of Management Review* 26 (3), pp. 446 – 456.

Ederer, F. and Manso, G. . 2013. "Is Pay for Performance Detrimental to Innovation?" *Management Science* 59 (7), pp. 1496 – 1513.

Firth M. , P. Fung and O. Rui. 2006. "Corporate Performance and CEO Compensation in China. " *Journal of Corporate Finance* 12, pp. 693 – 714.

Folger, R. and M. A. Konovsky. 1989. "Effects of Procedural and Distributive Justice on Reactions to Pay Raise Decisions. " *Academy of Management Journal*, 32 (1), pp. 115 – 130.

Frank, R. H. . 1985. Choosing the Right Pond: Human Behavior and the Quest for Status. New York: Oxford University Press.

Gerhart B. and Rynes S. L. . 2003. Compensation: Theory, Evidence, and Strategic Implications. Sage Publications: Thousand

Oak, CA.

Gomez – Mejia, L. R. and Balkin, D. B.. 1992. Compensation, Organizational Strategy, and Firm Performance. South – Western Publishing: Cincinnati, OH.

Gray, S. R. and Channella, A. A.. 1997. "The Role of Risk in Executive Compensation. " *Journal of Management* 23 (4), pp. 517 – 540.

Guadalupe M, Kuzmina O. Thomas C.. 2012. "Innovation and Foreign Ownership. " *American Economic Review* 102 (7), pp. 3594 – 3627.

Guay, W.. 1999. "The Sensitivity of CEO Wealth to Equity Risk: An Analysis of the Magnitude and Determinants. " *Journal of Financial Economics* 53, pp. 43 – 71.

Gupta N.. 2005. "Partial Privatization and Firm Performance. " *Journal of Finance* 60 (2), pp. 987 – 1015.

Hall, B. H. , and Oriani, R.. 2006. "Does the Market Value R & D Investment by European Firms? Evidence from a Panel of Manufacturing Firms in France, Germany, and Italy. " *International Journal of Industrial Organization* 24, pp. 971 – 993.

Healy, P. M.. 1985. "The Effect of Bonus Schemes on Accounting Decisions. " *Journal of Accounting and Economic* 7 (1), pp. 85 – 107.

Holmstrom, B.. 1989. "Agency Costs and Innovation. " *Journal of Economic Behavior and Organization* 12, pp. 305 – 327.

Ittner, C. , and Larcker, D.. 1998. "Innovation in Performance Measurement: Trends and Research Implications. " *Journal of Management Accounting Research* 10, pp. 205 – 238.

Jensen, M. and Murphy, K. J.. 1990. "CEO Incentives: It's

not How Much, but How?" *Journal of Applied Corporate Finance* 68 (3), pp. 64 – 76.

Jensen, M. C. , W. Meckling. 1976. "Theory of the Firm: Managerial Behavior, Agency Costs and Ownership Structure. " *Journal of Financial Economics* 3 (4), pp. 305 – 360.

Johnson, S. A. , and Tian, Y. S. . 2000. "Indexed Executive Stock Options. " *Journal of Financial Economics* (57), pp. 33 – 62.

Kepes S. , Delery J. , and Gupta N. . 2009. "Contingencies in the Effects of Pay Range on Organizational Effectiveness. " *Personnel Psychology* 62, pp. 497 – 531.

Kochhar, R. , and David, P. . 1996. "Institutional Investors and Firm Innovation: A Test of Competing Hypotheses. " *Strategic Management Journal* 17, pp. 73 – 84.

Kohn, A. . 1993. Punished by Rewards: the Trouble with Gold Stars, Incentive Plans, A's, Praise, and Other Bribes. Houghton Mifflin Co. , Boston.

Kuang, Y. F. and Qin, B. . 2009. "Performance – vested Stock Options and Interest Alignment. " *British Accounting Review* 41 (1), pp. 0 – 61.

Laffont, J. J. , Tirole, J. A. . 1993. Theory of Incentives in Procurement and Regulation. Mit Press Books, Cambridge, MA.

Lambert, R. , Larcker, D. and Verrecchia, R. . 1991. "Portfolio Considerations in Valuing Executive Compensation. " *Journal of Accounting Research* 29, pp. 129 – 149.

Lazear, E. P. and S. Rosen. 1981. " Rank – Order Tournaments as Optimum Labor Contracts. " *The Journal of Political Economy*

89 (5), pp. 841 – 864.

Li, Hongbin and Lian Zhou. 2006. "Political Turnover and Economic Performance: the Incentive Role of Personnel Control in China. " *Journal of Public Economics* 89 (9), pp. 1743 – 1762.

Lin, C, Ping Lin, F M. Song and C Li. 2011. "Managerial Incentives, CEO Characteristics and Corporate Innovation in China's Private Sector. " *Journal of Comparative Economics* 39 (2), pp. 176 – 190.

Manso, G. . 2011. "Motivating Innovation. " *Journal of Finance* 66, pp. 1823 – 1860.

McConnell, J. , and Servaes, H. . 1990. "Additional Evidence on Equity Ownership and Corporate Value. " *Journal of Financial Economics* 27, pp. 595 – 612.

McCullers, J. C. . 1978. "Issues in Learning and Motivation. " in The Hidden Costs of Reward, ed. by M. R. Lepper, and D. Greene. Lawrence Erlbaum Associates, Hillsdale, NJ.

McGraw, K. O. . 1978. "The Detrimental Effects of Reward on Performance: A Literature Review and a Prediction Model. " in the Hidden Costs of Reward, ed. by M. R. .

Morck, R. , A. Shleifer, and R. W. Vishny. 1988. "Management Ownership and Market Valuation: An Empirical Analysis. " *Journal of Financial Economics* 20, pp. 293 – 315.

Murphy, K. J. , and P. Oyer. 2001. "Discretion in Executive Incentive Contracts: Theory and Evidence. " Working Paper, University of Southern California and Stanford University.

Pasto, L. , and Veronesi P. . 2012. "Uncertainty about Government Policy and Stock Prices. " *Journal of Finance* 67 (4), pp. 1219 –

1264.

Pfeffer, J. and Langton, N.. 1993. "The Effect of Wage Disper-
sion on Satisfaction, Productivity, and Working Collaboratively: Evi-
dence from College and University Faculty." *Administrative Science
Quarterly* 38 (3), pp. 382 – 407.

Porter, M. E.. 1992. "Capital Disadvantages: America's Fail-
ing Capital Investment System." *Harvard Business Review* 70 (5),
pp. 65 – 82.

Qian, Y.. 1998. Government Control in Corporate Governance
as a Transitional Institution: Lessons from China. Working Paper,
Stanford University.

Qian, Y., and B. Weigast. 1996. "China's Transition to Mar-
kets: Market – Preserving Federalism, Chinese style." *Journal of Policy
Reform* 1, pp. 148 – 185.

Romer, P. M.. 1990. "Endogenous Technological Change."
Journal of Political Economy 98 (5), pp. 71 – 102.

Rosen, S.. 1986. "Prizes and Incentives in Elimination Tourna-
ments." *American Economic Review* 76 (4), pp. 701 – 715.

Sappington, D., and J. Stiglitz. 1987. "Privatization, Informa-
tion and Incentive." *Journal of Political Analysis and Management* 6 (4),
pp. 567 – 579.

Schumpeter, J.. 1934. The Theory of Economic Development.
Harvard University Press Cambridge, MA.

Seru, A.. 2014. "Firm Boundaries Matter: Evidence from Con-
glomerates and R&D Activity." *Journal of Financial Economics* 111 (2),
pp. 381 – 405.

Shleifer, A. and Vishny, R. W.. 1997. "A Survey of Corporate Governance. " *Journal of Finance* 52 (2), pp. 737 – 783.

Shleifer, A.. 1998. "State versus Private Ownership. " *Journal of Economic Perspectives* 12 (4), pp. 133 – 150.

Shleifer, A. and Vishny, R. W.. 1994. "Politicians and Firms. " *Quarterly Journal of Economics* 109 (4), pp. 995 – 1025.

Smith, C. W. and Stulz, R. M.. 1985. "The Determinants of Firms' Hedging Policies. " *Journal of Financial and Quantitative Analysis* 20, pp. 391 – 405.

Solow, R. M.. 1957. "Technical Change and the Aggregate Production Function. " *The Review of Economics and Statistics* 39 (3), pp. 312 – 320.

Tihanyi, L. , Johnson, R. A. , Hoskisson, R. E. , and Hitt, M. A.. 2003. "Institutional Ownership Differences and International Diversification: The Effects of Boards of Directors and Technological Opportunity. " *Academy of Management Journal* 46 (2), pp. 195 – 211.

Tosi, H. L. , Werner, S. , Katz, J. P. and Gomez – Mejia, L. R.. 2000. "How Much Does Performance Matter? A Meta – analysis of CEO Pay Studies. " *Journal of Management* 26 (2), pp. 301 – 339.

Vickers, J. Yarrow G.. 1991. "Economic Perspectives on Privatization. " *Journal of Economic Perspectives* 5 (2), pp. 111 – 132.

Wiseman, R. M, and Gomez – Mejia, L. R.. 1998. "A Behavioral Agency Model of Managerial Risk Taking. " *Academy of Management Journal* 23 (1), pp. 133 – 153.

Wong, P. K. , Ho, Y. P. and Autio, E.. 2005. "Entrepreneurship, Innovation and Economic Growth: Evidence from GEM Data. "

Small Business Economics 3, pp. 335 – 350.

Yanadori, Y. and Cui, V. . 2013. "Creating Incentives for Innovation? The Relationship between Pay Dispersion in R & D Groups and Firm Innovation Performance." *Strategic Management Journal* 34 (10), pp. 1502 – 1511.

后　记

　　党的十九届四中全会提出，"坚持和完善社会主义基本经济制度，推动经济高质量发展"。党的十九大报告中也明确提出，"我国经济已由高速增长阶段转向高质量发展阶段，正处在转变发展方式、优化经济结构、转换增长动力的攻关期，建设现代化经济体系是跨越关口的迫切要求和我国发展的战略目标"。随着中国特色社会主义进入新时代，当前的社会主要矛盾也随之发生变化。十九大报告提出，"新时代我国社会主要矛盾是人民日益增长的美好生活需要和不平衡不充分的发展之间的矛盾"。为有效解决这一矛盾，需要以供给侧结构性改革为主线，激发企业创新动力和能力，大力提升发展质量和效益，更好地满足人民在经济、政治、文化、社会、生态等方面日益增长的需要，更好地推动人的全面发展和社会的全面进步。

　　企业是推动和实现经济高质量发展的主体，只有大批企业提升供给体系质量，拥有自主研发的关键核心技术，具备强大的国际竞争力，我国经济才能更好地实现高质量发展，现代化经济体系才能够有效建立。然而，当前我国实体企业投资决策呈现"脱实向虚"特征，大量实体企业将资金投向虚拟经济，不愿进行创新。因此，在基于推动经济高质量发展和深化供给侧结构性改革的背景下，本书从宏观和微观视角考察了影响我国企业创新的因素，选题和研究视角具有较明显的理论和现实意义。本书在以往研究基础上，对目前我国企业创新的动因问题进行深入分析，对影响我国企业创新的宏微观因素进行理论分析和实证检验。最后，对如何调整宏观和微观制度安排、促进企业创新、推动经济高质量发展、建设现代化经济体系给出政策启示。

本书研究结论从理论上丰富了推动经济高质量发展的研究文献，特别是对推动经济高质量发展的改革路径探索、目标实现等研究具有重要的学术价值，为建设现代化经济体系提供理论基础；此外，本书研究结论将为中央更好地把握我国当前影响企业创新的宏微观因素、为监管部门和企业出台相应的政策提供证据，为中央推动经济高质量发展、建设现代化经济体系提供政策启示。

本书在写作过程中，得到了中国社会科学院数量经济与技术经济研究所、东北财经大学等多位领导及同仁的关心和指导。当然，由于作者水平和能力的局限，本书仍存在需要改进和完善的地方。

著 者

2020 年 1 月

图书在版编目（CIP）数据

中国企业创新：基于供给侧结构性改革视角／解维
敏著 . -- 北京：社会科学文献出版社，2020.3
ISBN 978 - 7 - 5201 - 6217 - 3

Ⅰ.①中…　Ⅱ.①解…　Ⅲ.①企业创新 - 研究 - 中国
Ⅳ.①F279.23

中国版本图书馆 CIP 数据核字（2020）第 029025 号

中国企业创新：基于供给侧结构性改革视角

著　　者／解维敏

出 版 人／谢寿光

责任编辑／陈　颖

出　　版／社会科学文献出版社·皮书出版分社（010）59367127
　　　　　地址：北京市北三环中路甲 29 号院华龙大厦　邮编：100029
　　　　　网址：www.ssap.com.cn
发　　行／市场营销中心（010）59367081　59367083
印　　装／三河市尚艺印装有限公司

规　　格／开本：787mm×1092mm　1/16
　　　　　印张：12　字数：139 千字
版　　次／2020 年 3 月第 1 版　2020 年 3 月第 1 次印刷
书　　号／ISBN 978 - 7 - 5201 - 6217 - 3
定　　价／88.00 元

本书如有印装质量问题，请与读者服务中心（010 - 59367028）联系